ROYAL HORTICULTURAL SOCIETY
DK GARTENTIPPS

EIN- & ZWEIJÄHRIGE PFLANZEN

ROYAL HORTICULTURAL SOCIETY
DK GARTENTIPPS

EIN- & ZWEIJÄHRIGE PFLANZEN

CHRISTOPHER GREY-WILSON

DORLING KINDERSLEY

DORLING KINDERSLEY

PROJEKTBETREUUNG Annelise Evans
BILDBETREUUNG Ursula Dawson

LEKTORAT Gillian Roberts
REIHENBILDBETREUUNG Stephen Josland

CHEFLEKTORAT Mary-Clare Jerram
CHEFBILDLEKTORAT Lee Griffiths

DTP-DESIGNER Louise Paddick

HERSTELLUNG Mandy Inness

Die Deutsche Bibliothek – CIP-Einheitsaufnahme

Ein Titeldatensatz für diese Publikation ist bei
Der Deutschen Bibliothek erhältlich.

Titel der englischen Originalausgabe:
Annuals & Biennials

ÜBERSETZUNG Feryal Kanbay
REDAKTION Christa Söhl

ISBN 3-8310-0373-4

Printed and bound by Star Standard Industries, Singapore

Besuchen Sie uns im Internet
www.dk.com

INHALT

VERWENDUNG VON EIN- UND ZWEIJÄHRIGEN

WAS SIND EIN- UND ZWEIJÄHRIGE?

BOTANISCH GESEHEN IST EINE EINJÄHRIGE EINE PFLANZE, die ihren Lebenszyklus von der Keimung der Samen bis zur Blüte und Reifung neuer Samen in einer Vegetationsperiode durchläuft. Deshalb sind Einjährige schnellwüchsige Pflanzen und bilden oft Massen bunter Blüten. Zweijährige benötigen zwei Vegetationsperioden für ihre volle Entwicklung – im ersten Jahr erfolgt die Keimung, im zweiten die Blüte, Fruchtbildung und das Absterben.

KÄLTEVERTRÄGLICHKEIT

Viele Ein- und Zweijährige sind völlig winterhart und können im Herbst oder Frühjahr direkt im Garten ausgesät werden. Frostharte Ein- und Zweijährige vertragen Temperaturen bis -5 °C. Nach der Aussaat im Spätwinter oder zeitigen Frühjahr unter Glas setzt man sie nach den strengen Frösten ins Freie um oder man sät sie ab Mitte Frühling direkt in das Beet. Bedingt winterharte Einjährige, darunter viele einjährige Beetpflanzen wie Petunien und Ziertabak, würden den Frost nicht überstehen. Empfindliche Einjährige mögen keine Temperaturen unter 5 °C. Diese beiden Gruppen können nur direkt ins Freie gepflanzt werden, wenn die Frostgefahr vorüber ist. Sie eignen sich gut für Gewächshäuser oder Gefäßkulturen.

◄ WINTERHARTE EINJÄHRIGE
*Viele schnellwüchsige winterharte Einjährige wie diese Kapuzinerkresse (*Tropaeolum Alaska-Reihe*) bilden – aus Samen gezogen – innerhalb weniger Wochen eine Fülle von bunten Blüten.*

◄DAS VERTIKALE BETONEN *Königskerze und Gartenmelde sorgen im Beet für Höhe.*

▲ ZWEIJÄHRIG
Der reizvolle Rote Fingerhut
(Digitalis purpurea) *ist ein typischer Zweijähriger und bildet im ersten Jahr eine Blattrosette, im zweiten Jahr Blütenstängel.*

▶ BEDINGT WINTERHARTE
EINJÄHRIGE
Eine Gruppe aus Zinnien
(Zinnia haageana 'Perserteppich') *sorgt in den Sommermonaten für Farbenpracht.*

Die meisten Einjährigen lassen sich im Garten leicht ziehen, egal, ob sie unter Glas ausgesät werden müssen oder nicht. Sie bringen rasch viel Farbe, besonders im Sommer und Frühherbst. Wenn man die Samen mancher Pflanzen hintereinander ausbringt, kann man die Farbenpracht um mehrere Wochen verlängern. Einjährige sind in einer großen Vielfalt an Farben, Höhen und Strukturen für viele Pflanzstile erhältlich.

Gartenfreunde schätzen Einjährige wegen ihrer Blütenpracht, die sich für moderne Kleingärten, formale Beete und Gefäße eignet. Aber manche Arten sind auch ausgezeichnete Schnittblumen und Blattpflanzen, lassen sich gut trocknen oder locken Insekten und andere wild lebende Tiere in den Garten.

Die Palette an Möglichkeiten kann durch Zweijährige wie Goldlack (*Erysimum aureum*) und Königskerze (*Verbascum*) erweitert werden – egal, ob man sie über Winter zieht und dann auspflanzt oder im nächsten Jahr direkt aussät.

EINJÄHRIG KULTIVIERTE STAUDEN

Eine Reihe von kurzlebigen Stauden (Pflanzen, die häufiger als zwei Mal blühen) werden als Einjährige aus Samen gezogen,

BELIEBTE KLASSIKER

EINJÄHRIGE	ZWEIJÄHRIGE	STAUDEN ALS EINJÄHRIGE
Centaurea cyanus	*Digitalis purpurea*	*Antirrhinum majus*
Clarkia amoena	*Eryngium giganteum*	*Begonia semperflorens*
Linum grandiflorum	*Erysimum cheiri*	*Impatiens walleriana*
Nigella damascena	*Verbascum chaixii*	

damit sie in ihrem ersten Jahr blühen. Dazu zählen bekannte Pflanzen wie kleine Dahlienarten, Fleißiges Lieschen (*Impatiens*), auch Neu-Guinea-Hybriden und viele Pelargonien. Zahlreiche Pflanzen, die als einjährige Beetpflanzen verkauft werden, sind eigentlich Stauden. Obwohl sie in kalten und gemäßigten Regionen am Ende des Vegetationsjahres weggeworfen werden, kann man viele unter Glas oder als Herbststeckling überwintern.

PFLANZENKOMBINATIONEN

Es gibt nur wenige Gärten, die ausschließlich mit Ein- und Zweijährigen bepflanzt sind – sie sind lediglich ein Element in einer abwechslungsreichen Pflanzung aus Bäumen, Sträuchern, Stauden und Zwiebelpflanzen. Einjährige werden oft eigens für Rabatten kultiviert, lassen sich aber auch gut mit anderen Gewächsen kombinieren – z.B. in Gefäßen, oder um Lücken in Staudenbeeten zu füllen.

In späteren Kapiteln werden einige Pflanzvorschläge für ein- und zweijährige Arten vorgestellt. Weitere Möglichkeiten finden Sie auf den Seiten 60–77.

▲ KLASSISCHE RABATTE MIT EINJÄHRIGEN
Hier wächst eine lebhafte Gruppe frostharter und bedingt winterharter Pflanzen wie Mädchenauge (Coreopsis), *Dahlie, Trompetenzunge* (Salpiglossis) *und Zinnie.*

◄ EINE GEMISCHTE RABATTE
Durch die Kombination von Löwenmaul, Kornblume und Stiefmütterchen mit winterharten Stauden entsteht hier der Eindruck einer Böschung mit Wildblumen.

IDEEN ZUR BEPFLANZUNG

AUCH DER KLEINSTE GARTEN BIETET PLATZ für Ein- und Zweijährige. Körbe, Blumensäulen und Balkonkästen können mit leuchtenden Blumen und schönem Blattwerk bestückt werden. In Staudenbeete kann man sie pflanzen oder zwischen Sträuchern verteilen, um dauerhafte Pflanzungen durch saisonale Farben zu beleben. Ein üppig mit Petunien oder Stiefmütterchen bepflanztes Gefäß wird in einem Innenhof oder auf dem Balkon zu einem auffallenden Mittelpunkt.

HARMONIERENDE MISCHUNGEN

Wenn Ihr Garten groß genug ist, um ein ganzes Beet den Sommerblumen zu überlassen, kann diese einjährige Farbenpracht zum Höhepunkt des Jahres werden. Aber auch wenn man ein- und zweijährige Arten neben anderen Pflanzen einsetzt, wird sich eine neue Welt von möglichen Farb-, Form- und Strukturkombinationen eröffnen. Bei neu angelegten Beeten, Rabatten oder Gärten sind Ein- und Zweijährige von großem Nutzen, um sofort Farbe einzubringen, bis die dauerhaften Arten sich entfalten.

Die Struktur bereits existierender Anlagen wird durch kleine Bäume und Sträucher sowie Stauden bestimmt. Das Aussehen von Rabatten kann jedes Jahr mit Hilfe von Ein- und Zweijährigen verändert werden, um den Wechsel der Jahreszeiten zu verkünden. Die meisten einjährigen Pflanzen sind flach wurzelnd und gedeihen zwischen tief wurzelnden Stauden. Sie wachsen am besten in offenen, sonnigen Lagen. Deshalb sollte man Bäume und Sträucher in kleineren Gärten etwas auslichten. Aber einige Einjährige – besonders Fleißige Lieschen – bevorzugen

▲ EIN GEMÄLDE AUS PFLANZEN
Die klassische Art der Einjährigenkultur ist die Aussaat oder Pflanzung in Gruppen, um Farbstrukturen zu gestalten, wie hier mit dem Phlox drummondii 'Sternenzauber'.

▶ DEKORATIVER KÜCHENGARTEN
Einjährige Ringelblumen und Borretsch eignen sich für natürliche Küchengärten; sie bilden einen bunten Hintergrund für das Kohlgemüse und haben essbare Blüten.

lichten Schatten und eignen sich sehr gut, um eher abgeschiedene Bereiche aufzuhellen.

Rasch für Höhe sorgen Ein- und Zweijährige mit hohen Blütenähren wie Fingerhut oder Sonnenblumen. Einjährige Kletterpflanzen wie Kletternde Kapuzinerkresse oder Duftwicke wachsen gut über und durch kleine Sträucher oder lassen sich an Kletterzelten aus Bambusstäben ziehen.

Hübsche Pflanzkombinationen können zufällig zu Stande kommen, wenn man die Selbstaussaat von Ein- und Zweijährigen im Garten zulässt, aber es lohnt sich etwas überlegt vorzugehen, um an der Blütenpracht

Hochwüchsige Ein- und Zweijährige bringen vorübergehend Struktur

Freude zu haben. Versuchen Sie Vergissmeinnicht, Silberling, Sumpfblume, Stiefmütterchen und Goldlack mit früh blühenden Zwiebelgewächsen wie Narzissen, Hyazinthen und Tulpen zu mischen oder im Sommer Kornrade, Rittersporn, Jungfer im Grünen und Mohn mit Zwiebelpflanzen wie Zierlauch, Gladiolen und Iris zu kombinieren.

▲ EIN DYNAMISCHES DUO
Die schnellwüchsigen leuchtend gelben Saatwucherblumen und knallroter Mohn ergeben ein atemberaubendes Sommerarrangement.

▼ FÜR DEN GUTEN APPETIT
Einjährige und ausdauernde Kräuter (hier Kapuzinerkresse, Stiefmütterchen und Ringelblumen mit ausdauerndem purpurnem Salbei und bunter Minze) wurden zu einem bunten, appetitlichen Arrangement vereint.

EINJÄHRIGE SAMENMISCHUNGEN

D IE MEISTEN EINJÄHRIGEN eignen sich sehr gut für die Direktsaat in den Garten, denn die Samen vieler verschiedener Pflanzen können gemischt und zusammen ausgesät werden. Sie müssen lediglich den Boden vorbereiten, die Samenmischung zur rechten Zeit aussäen und auf das Ergebnis warten. Ein Potpourri hübscher Blumen von unterschiedlicher Farbe, Form und Höhe wird den Eindruck ungezwungener Harmonie der Natur in Ihren Garten bringen.

NATÜRLICHE SCHÖNHEIT

Viele Einjährige besitzen eine Schlichtheit an Blüten und Formen, die von allein ein natürliches Bild im Garten entstehen lässt. Während das Ergebnis von Samenmischungen in formalen Anlagen etwas deplatziert wirkt, sind sie die perfekte Wahl für Rabatten in Natur- oder Bauerngärten. Natürliche Mischungen locken auch Insekten und Vögel in den Garten.

Ein Stück nicht bestellter Boden im Garten, insbesondere Erde, die nicht mit Dünger angereichert wurde, bietet die Möglichkeit, eine reizvolle Gruppe von Einjährigen zu gestalten, die an Wildblumenwiesen der Vergangenheit erinnert. Wird der Boden regelmäßig bearbeitet, erscheinen Ackerblumenmischungen mehrere Jahre lange immer wieder und bieten ein immer wiederkehrendes, aber wechselndes Schauspiel.

In Samenhandlungen ist eine große Vielfalt an Samenmischungen aus Einjährigen erhältlich: für kühle oder warme Farbschemen, für Schnittblumen, duftende Blumen, Wildblumen und schnellwüchsige

> Verändern Sie das Aussehen Ihres Gartens, indem Sie jedes Jahr eine andere Samenmischung aussäen

Mischungen für Kinder. Aber es macht viel Spaß, eigene Mischungen zu kreieren. Für eine gute Mischung sollten Sie die Samen von Pflanzen auswählen, die miteinander

EINE NATÜRLICHE
RABATTE
*Diese mit Einjährigen
üppig bestückte
Rabatte hat Blau und
Violett als Grundton,
der von einigen hellen
Farben durchzogen
wird, um eine zarte,
schöne Gruppierung
von Blumen zu er-
halten, die bestäubende
Insekten anlockt.*

◀ WIESENMISCHUNG
Einjährige Arten wie blaue Kornblumen, weiße Margeriten, scharlachroter Mohn und gelbe Saatwucherblumen bilden eine leuchtend gefärbte Sommerwiese.

▼ BAUERNGARTEN
Einjährige sind der Hauptbestandteil eines altmodischen Bauerngartens mit einem üppigen Blütenteppich.

gut aussehen und die gleiche Höhe haben, obgleich kleine Höhenunterschiede einen hübschen Stufeneffekt ergeben können.

Einjährige mit kleinen Blüten wie Gänseblümchen oder einfachen Blüten wie Mohn wirken viel natürlicher als auffallende Kultursorten wie gefüllte Zinnien. Mischen Sie auch die Samen von schlanken Grasarten darunter, damit ein luftiger Eindruck entsteht. Vor allem sollten Sie Formen auswählen, die etwa zur gleichen Zeit reifen, um die volle Blütenpracht zu genießen.

AUSSAAT VON SAMENMISCHUNGEN

Wenn Sie Ihre eigene Mischung zusammenstellen, achten Sie darauf, die Samen gut durchzumischen; der Zusatz von feinem Sand erleichtert eine dünne und gleichmäßige Aussaat. Wurde zu dicht gesät, sollten die Sämlinge ausgedünnt werden, damit die Pflanzen sich richtig entfalten. Es ist ebenfalls wichtig, die richtige Samenmischung für Ihren Boden auszuwählen, denn sonst könnten Sie eine Enttäuschung erleben. Auf Wildblumen spezialisierte Firmen verkaufen Mischungen von Einjährigen und Stauden für verschiedene Bodenarten.

PFLANZEN FÜR FARBTHEMEN

DENKEN SIE AN EINE FARBE, und Sie werden mit Sicherheit eine passende ein- oder zweijährige Art finden. Nehmen Sie den Farbkreis (rechts) zur Hilfe, um herauszufinden, welche Farben harmonieren und welche Wirkung die Farbkombinationen erzielen. Sie können viel über Farben lernen, wenn Sie andere Gärten betrachten und sich hübsche Farbzusammenstellungen notieren.

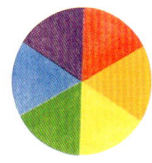

FARBKREIS

DER FARBKREIS

Drei Grundfarben – Blau, Gelb und Rot – bilden die Basis des Farbkreises. Werden diese vermischt, entstehen die Sekundärfarben – Violett, Grün und Orange. Farben, die auf dem Farbkreis am weitesten entfernt sind, bilden die stärksten Kontraste. Wenn Sie Pflanzen in den Farbtönen aus gegensätzlichen Segmenten des Farbkreises verwenden, kann manchmal eine blendende, zuweilen grelle Wirkung entstehen, die aus der Entfernung reizvoll erscheinen kann. Manche Pflanzen bilden selbst starke Kontraste: Die strahlend roten Blüten des Mohns sind ein lebhafter Gegensatz zum eigenen leuchtend grünen Laub; manche Stiefmütterchen vereinen auf ihren Blüten Knallgelb und Tiefviolett. Dagegen erzielen die benachbarten Farben des Farbkreises wie Blau und Grün oder Rosa und Violett eine weichere, har-

GRUNDFARBEN

Pflanzen einer Farbe können in einer einfarbigen Gestaltung mit verschiedenen Schattierungen verwendet werden. Setzen Sie weiße Blüten als kühle Highlights ein.

MOLUCCELLA LAEVIS

ZINNIA ELEGANS
'DREAMLAND SCARLET'

ERYSIMUM CHEIRI
'FIRE KING'

ESCHSCHOLZIA CALIFORNICA
'YELLOW CAP'

NEMESIA VERSICOLOR
'BLUE BIRD'

monischere Wirkung. Das silbrig behaarte Laub der Kornrade z.B. bildet einen feinen Hintergrund für die rosa Blüten, während die zarten blauen Blüten der Jungfer im Grünen durch die fein zerteilten Blätter noch weicher wirken.

Wenn Sie eine Farbkombination planen,

Ist der Platz begrenzt, säen Sie eine einzige Art mit verschiedenen Blütenfarben

beachten Sie auch die Bedeutung des Laubes: Graues oder silbriges Laub wie von Silberblatt (*Senecio cineraria*) kann durch blaue und weiße Blüten ergänzt werden; die Buntnessel (*Solenostemon*) trägt Blätter in lebhaften Gold-, Rot- und Purpurtönen.

PLANUNG VON FARBTHEMEN

Experimente mit Farben können viel Spaß machen, aber auch entmutigen. Es ist hilfreich, vor der Aussaat oder Pflanzung einen groben Plan auf dem Papier auszuarbeiten.

Ihre Wahl wird bis zu einem gewissen Grad davon abhängen, welche Wirkung Sie erzielen wollen. Es ist interessant, dass Pflanzen in gewagten warmen Farben wie Orange und Gold viel auffallender erscheinen als in kühlen Farben wie Rosa, Weiß und Blau, die eher impressionistisch wirken und die Illusion von Weite schaffen.

Der Eindruck einer Anpflanzung wird auch von anderen Elementen im Garten beeinflusst, besonders von den Farben der Bäume und Sträucher in der Nachbarschaft. Die unterschiedlichen Höhen der Pflanzen und ihre Blühperioden spielen bei der Wirkung eine Schlüsselrolle.

IPOMOEA PURPUREA 'GRANDPA OTT'

CLEOME HASSLERIANA 'HELEN CAMPBELL'

VIOLA 'ROMEO AND JULIET'
Blüten in einer harmonischen Farbmischung.

WARME FARBEN

WARME, KRÄFTIGE PFLANZENFARBEN sehen in warmen Ländern prächtig aus, aber lebhafte Rot-, Gelb- und Orangetöne können, großzügig eingesetzt, auch während eines kühlen Sommers in eher gemäßigten Regionen einen sehr warmen Eindruck vermitteln. Bei den Ein- und Zweijährigen beschränken sich die wärmeren Farben fast ausschließlich auf Sommer- und Herbstblüher; sie ergänzen die Rot-, Rost- und Bronzetöne des Herbstlaubs der Bäume und Sträucher nahezu perfekt.

SAISONALE PRACHT

Im Frühsommer bringt der einjährige Mohn seine scharlachroten, papierartigen Blüten hervor und das helle Gelb und die Goldtöne der einjährigen Chrysanthemen zeigen sich. Wenn der Sommer fortschreitet, erscheinen immer mehr leuchtend gefärbte einjährige Arten – von den verschiedenen Sorten der Ringelblume (*Calendula*) und *Tagetes* bis zum hübschen Sonnenhut (*Rudbeckia*) in allen Farben von Zitronengelb bis Goldgelb und Rostrot. Ab dem Hochsommer schmückt Ziersalbei in Rot-, Violett- und leuchtenden Rosatönen sowie der ähnlich gefärbte Bartfaden den Garten. Diese lebendige Farbenpracht findet erst nach dem ersten Herbstfrost ein Ende.

Tiefgelbe und orangefarbene Ringelblumen inmitten von blutroten Zinnien und gelbbraunen Rudbeckien bilden eine kühne Kombination, die nicht zu übersehen sein wird. Die Auswahl an Ein- und Zweijährigen

LEUCHTENDES LAUB
*Man braucht keine strahlenden Blüten, wenn das Laub leuchtend gefärbt ist wie diese Reihe mit Buntnesseln (*Solenostemon Wizard-Gruppe*). Die Blätter geben das Gelb des Efeus (*Hedera helix 'Buttercup'*) dahinter wieder. Jede Buntnesselpflanze kann eine etwas unterschiedliche Kombination von Farben oder Mustern aufweisen. Dies für warme Gärten ideale Gewächs eignet sich auch sehr gut als Kübelpflanze.*

▲ KNALLROTE NELKEN
Dianthus *Testar-Gruppe gibt
es in einer Mischung von Rot-
und Rosatönen; die helleren
Schattierungen betonen das
feurige Rot.*

◄ DAUERHAFTE FARBE
*Die lebhaften, knalligen Blüten
der Strohblume (*Helichrysum
bracteatum*) können getrocknet
werden.*

in warmen Farben ist nahezu endlos, aber
es kann auch ein Fehler sein, wenn man den
Einsatz von warmen Farben übertreibt: Sie
können zu aufdringlich und unruhig wirken.
Andere, zartere Kontraste erscheinen oft
wirkungsvoller. So können z.B. leuchtendes
Orange und Rottöne vor dem purpurnen
Laub der Gartenmelde (*Atriplex*) oder dem
rotblättrigen Brandschopf (*Celosia*) herrlich
aussehen, während tiefvioletter Salbei durch
das gelbgrüne Laub der Gelbdolde
(*Smyrnium*) besonders hervorgehoben wird.

Kontrastierende Blütenformen können
für mehr Interesse sorgen, besonders wenn
Pflanzen mit aufrechten Blütenähren wie die
goldgelbe Königskerze vor den runden Blütenköpfen von Arten wie Pompon-Dahlien oder
Tagetes platziert werden.

GEEIGNETE EINJÄHRIGE

ROT
Linum grandiflorum (Roter Lein) 'Rubrum'
Pelargonium Diamond-Gruppe
Salvia splendens (Feuersalbei)

ORANGE
Mimulus (Gauklerblume) Malibu-Gruppe
Rudbeckia hirta (Sonnenhut) 'Marmalade'
Tithonia rotundifolia (Tithonie)

GELB
Argemone mexicana (Stachelmohn)
Helianthus annuus (Sonnenblume)
Limnanthes douglasii (Sumpfblume)

PURPUR
Digitalis purpurea (Roter Fingerhut)
Nierembergia caerulea 'Purple Robe'
Petunia (viele violette Sorten)

KÜHLE FARBEN

IN DEN MEISTEN GÄRTEN BRAUCHEN RABATTEN KÜHLE FARBEN, damit das luftige Gefühl von Frische und Raum entsteht. Aber eine üppige Anpflanzung von Ein- und Zweijährigen in kühlen Farben, besonders in Blau, Weiß und Blassrosa, kann etwas zu farblos und wenig aufregend wirken, wenn sie nicht durch blasse und matte Grüntöne, zartes Crem und sanftes Gelb hervorgehoben wird. Gelegentlich kann man kräftigere Kontrastfarben als Glanzpunkte einführen.

HELL UND INTERESSANT
Pflanzungen in kühlen Farben sehen sehr eindrucksvoll aus und leuchten beinahe in der Dämmerung, wenn die warmen Farben in der Dunkelheit verblassen. Zudem treten sie in den Hintergrund und schaffen ein Gefühl von Weite.

   Wenn Sie eine Kombination aus kühlen Farben planen, sollten Sie nicht zu viele Blau- und blasse Rosatöne mischen: Ein maßvolles Vorgehen bei der Auswahl ist der Schlüssel zum Erfolg, weil zu viele verschiedene Schattierungen eher übertrieben wirken.

KÜHLE KOMBINATIONEN
Versuchen Sie, die rein blauen Blüten und das feine grüne Laub der Jungfer im Grünen (*Nigella damascena*) mit der zierlichen Korn- rade (*Agrostemma githago*), den zarten Pas- telltönen der papierähnlichen Blütenblätter des Klatschmohns (*Papaver rhoeas*) 'Mother of Pearl' und dem weißen Nebel des Schleier- krauts (*Gypsophila elegans*) zu mischen. Sollte mehr Grün nötig sein, könnten Sie einige ein- jährige Grasarten wie das Federborstengras (*Pennisetum setaceum*) hinzufügen. Der

REIN WEISSE BEGRENZUNGEN
*Weiße Petunienblüten und Mutterkraut (*Tana- cetum parthenium) *vor grünem Laub umsäumen den Weg in einer weichen, doch eleganten Weise.*

EINJÄHRIGE IN KÜHLEN FARBEN

CREME UND WEISS	Felicia amelloides	Heliotropium arborescens
Digitalis purpurea f. *albiflora*	*Nemophila menziesii*	ROSA
Dimorphotheca pluvialis	*Nigella damascena*	*Cleome hassleriana* (rosa Formen)
Lavatera trimestris 'Mont Blanc'	FLIEDER, MAUVE UND VIOLETT	*Papaver rhoeas* 'Mother of Pearl'
Omphalodes linifolia	*Brachyscome iberidifolia*	*Silene armeria*
BLAU	*Browallia speciosa*	*Silene coeli-rosa*
Ageratum houstonianum	*Clarkia amoena*	

◄AUSGEFALLENE
PFLANZEN
Die Hainblume (Nemo-
phila maculata) *eignet
sich für den Rand einer
Rabatte. Mit blauen
Lobelien oder dem
Kurzschopf* (Brachys-
come iberidifolia) *wirkt
sie außergewöhnlich.*

▼EINE RABATTE IN
KÜHLEN FARBEN
Lobelien, Nemesia
'Fragrant Cloud' *und
Stiefmütterchen bilden
ein Gemälde in Blau
und Weiß und einen
Kontrast zum grauen
Laub von* Helichrysum
petiolare 'Variegatum'.

Gesamteindruck der Pflanzung kann be-
schwingt ruhig wie auf einer Wiese sein.

Um eine Rabatte besonders dramatisch zu
gestalten, können Sie nur blau blühende Ein-
und Zweijährige pflanzen. Eine ganz weiße
Rabatte kann fast winterlich wirken. Setzt
man gelegentlich hübsche ein- oder zweijährige Blattpflanzen oder kurzlebige Stauden

Tiefgrünes oder purpurnes Laub bildet einen Kontrast zu blassen Blüten

dazwischen, zum Beispiel Silberblatt oder das
frische Grün des Brennenden Buschs (*Bassia
scoparia* f. *trichophylla*), wird der Eindruck
der stillen Schönheit gesteigert. Die stachelige
zweijährige Elfenbeindistel (*Eryngium giganteum*) und der mehrjährige Wollziest (*Stachys
byzantina*) mit silbergrauem, behaartem Laub
bilden ebenfalls Kontraste in Blattfarbe und
-struktur. Experimentieren Sie! Ein- und
Zweijährige sind nur kurzlebige Pflanzen,
und sollte es in diesem Jahr nicht ganz nach
Ihrem Geschmack gewesen sein, gibt es
immer ein nächstes Jahr.

EIN- UND ZWEIJÄHRIGE ZUM TROCKNEN

FRÜHLING UND SOMMER SIND DIE JAHRESZEITEN, in denen ein- und zweijährige Pflanzen blühen. Aber lange nachdem Sommerblumen im Garten verblüht sind, kann man mit Trockensträußen die Blütenpracht verlängern. Viele Einjährige und manche Zweijährige eignen sich sehr gut hierfür. Vorsichtig getrocknete Blüten behalten ihre Farbe. Bleiben sie in einem trockenen Raum, halten sie mindestens ein Jahr, bis zur nächsten Blütezeit, aus.

FARBEN UND FORMEN

Die lebhaften Farben von frischen ein- und zweijährigen Blumen können durch das Trocknen stumpf werden, aber gerade diese zarten Erdtöne von natürlich getrockneten Blüten sehen sehr hübsch aus. Dagegen sind im Handel erhältliche Trockenblumen oft grell und unnatürlich gefärbt. Die Form und Struktur von getrockneten Blüten sind genauso wichtig wie die Farben. Bevorzugen Sie strenge Formen, wie die eleganten Glocken der Muschelblume (*Moluccella laevis*) oder die stachligen Hochblätter und das bedornte Laub der Edeldistel (*Eryngium*), und interessante Strukturen, wie die papierartigen Blütenköpfe von Strohblumen (*Helichrysum bracteatum*). Getrocknete Samenstände können ebenso hübsch aussehen wie Blüten.

Um die Pracht des Blumengartens nicht zu beeinträchtigen, sollten Sie eine kleine, abseits gelegene Fläche (z.B. einen Teil des Gemüsegartens) für die Kultur von Ein- und Zweijährigen, die zum Trocknen gedacht sind, reservieren. Hier kann man sie in dichten Reihen aussäen und ziehen, bis sie abgeschnitten werden.

LANG ANHALTENDE FARBE
*Statice (*Limonium sinuatum)
*ist eine lange blühende Ein-
jährige, die oft getrocknet
wird. Abgeschnittene Blütenstängel können in Bündeln,
mit dem Kopf nach unten,
zum Trocknen aufgehängt
werden.*

MOHNKAPSELN
*Die Samenkapseln des Schlafmohns (*Papaver somniferum*) sind besonders dekorativ. Getrocknete Kapseln, die mit Gold oder Silber besprüht wurden, sehen sehr eindrucksvoll aus und werden besonders Weihnachten für Gestecke verwendet.*

BLÜTEN UND FRÜCHTE TROCKNEN

Achten Sie darauf, dass Sie zum Trocknen halb geöffnete Blüten nehmen. Pflanzen mit großen, zarten Blüten wie Clarkien oder Mohn eignen sich nicht. Schneiden Sie einzelne Blüten oder Büschel mit langen Stielen ab und entfernen Sie große Blätter, beschädigte und verblühte Blüten.

Binden Sie die Stiele mit einer weichen Schnur oder Bast zu kleinen Bündeln zusammen, und hängen Sie sie an einem trockenen, luftigen Ort mit dem Kopf nach unten auf; vermeiden Sie direkte Sonnenstrahlen. Wenn

> Getrocknete Blumen und Früchte kann man zu Kränzen, Girlanden und Sträußen arrangieren

sie richtig trocken sind, arrangieren Sie sie zu Sträußen. Gehen Sie mit Trockenblumen vorsichtig um, da sie sehr brüchig sind.

Früchte lassen sich ähnlich wie Blüten trocknen und aufbewahren. Die beste Zeit, Früchte und Samenkapseln zu sammeln ist, wenn sie voll ausgreift sind und beginnen, von allein zu trocknen. Bleiben sie zu lange

im Garten, verblassen sie meist. Einjährige Gräser eignen sich ebenfalls zum Trocknen. Der Zeitpunkt der Ernte ist wichtig: Werden sie zu früh abgeschnitten, bleiben die Halme zu weich und dünn, um die Ähren zu tragen, aber bei zu später Ernte fallen die Ährchen bei der geringsten Berührung ab. Generell ist die beste Zeit, wenn die unteren Ährchen blühen (meist an den gelben oder cremefarbenen Staubblättern zu erkennen).

PFLANZEN ZUM TROCKNEN

Bracteantha bracteata
Consolida ajacis
Eryngium giganteum
Gomphrena globosa
Limonium sinuatum
Moluccella laevis

Onopordum acanthium
Psylliostachys suworowii
Trachelium caeruleum
Xeranthemum annuum

LUNARIA ANNUA

DAS GARTENJAHR VERLÄNGERN

NACHDEM DIE ÜPPIGE PRACHT VERBLÜHT IST, bilden viele einjährige Pflanzen sehr dekorative Samenstände, wodurch sich der Schwerpunkt von leuchtenden Farben zu strengeren Formen und zarteren Farbtönen bis in den Herbst und Winter verlagert. Bei einjährige Gräsern werden die Ähren feiner und verblassen, wenn sie Samen ansetzen. Manche Ein- und Zweijährige bringen mit ihren glänzenden Früchten in fröhlichem Rot zusätzliche Farbkleckse.

FRUCHTIGE ERNTE

Manche Einjährige wie *Tagetes*, Fleißige Lieschen (*Impatiens*) und Petunien werden nur wegen ihrer Blüten kultiviert, deshalb ist es wichtig, Verblühtes regelmäßig zu entfernen. Widerstehen Sie jedoch der Versuchung, andere einjährige Pflanzen am Ende des Sommers zu entfernen, können Sie sich an den Früchten und der Vielfalt attraktiver Samenstände erfreuen.

Bringen Sie mit Paprikaschoten Würze in das sommerliche Beet – die verschiedenen Sorten haben spitz zulaufende Früchte in feurigem Rot, Violett und Gelb. Dieses Thema können Sie mit dem leuchtenden Korallenstrauch (*Solanum pseudocapsicum*) im Wohnzimmer fortsetzen.

Die Möglichkeiten mit Samenständen sind sogar noch größer. Das Silberblatt (*Lunaria annua*) bildet hauchdünne, papierartige, flache Scheiben mit silbernem Glanz; die Samenstände der Jungfer im Grünen (*Nigella damascena*) sehen wie kleine Ballons aus, während die des Mohns (*Papaver*) einem Pfefferstreuer ähneln. Der Goldmohn (*Eschscholzia*) trägt lange, schlanke Kapseln.

▲ VIELSEITIGE SONNENBLUME
Diese farbenprächtige Sonnenblume (hier Helianthus *'Pastiche') ist der Star im Garten, eignet sich ausgezeichnet als Schnittblume oder zum Trocknen für winterliche Dekorationen und hat essbare Samen.*

▶ DEKORATIVE KRÄUTER
Dill ist sehr aromatisch und wird in der Küche oft verwendet. Die flachen Samenstände können für Gestecke getrocknet werden.

▲ ZITTERGRAS
*Das schnellwüchsige, ein-
jährige Gras verdankt seinen
Namen den zarten, im Wind
flatternden Samenständen.*

◄ ANMUTIG ALTERN
*Gräser wie Mähnengerste
plustern sich im Alter auf und
verblassen. Zudem bringen sie
Stauden (hier* Gaura lind-
heimeri*) zum Leuchten.*

Andere Einjährige wie die Eselsdistel (*Onopordum acanthium*) haben haltbare,
distelähnliche Samenstände. Die größte und
auffallendste Art von allen ist die Sonnenblume mit einer flachen Mitte aus Hunderten von symmetrisch angeordneten Samen.

Neben ihrem dekorativen Wert stellen
Früchte und Samenstände eine Quelle für
Samen dar, die man für das nächste Jahr
sammeln kann (*siehe S. 56–57*); manche
lassen sich in der Küche verwenden oder
dienen Vögeln im Winter als Nahrung.

ANMUTIGE GRÄSER

Die glänzenden, seidigen oder behaarten
Blütenähren einjähriger Gräser entfalten
sich in der Reife besser, werden weicher und
bekommen zartere Farben. Sie halten oft
mehrere Monate bis in den Winter. Später,
wenn sie von Raureif überzogen sind, ver-
breiten sie einen zarten Zauber.

EMPFOHLENE ARTEN

DEKORATIVE FRÜCHTE
Capsicum annuum; Solanum pseudocapsicum

DEKORATIVE SAMENSTÄNDE
*Argemone; Atriplex hortensis
Cardiospermum halicacabum
Consolida ajacis; Dipsacus fullonum
Eccremocarpus scaber;
Glaucium corniculatum; Lablab purpureus
Papaver somniferum; Ricinus communis
Scabiosa*

ESSBARE SAMEN
*Anethum graveolens; Coriandrum sativum
Foeniculum vulgare; Helianthus annuus
Zea mays*

GRÄSER
*Briza maxima; Hordeum jubatum
Lagurus ovatus; Pennisetum setaceum
Setaria italica*

EINJÄHRIGE KLETTERPFLANZEN

EINIGE DER SCHÖNSTEN UND BELIEBTESTEN EINJÄHRIGEN sind Kletterpflanzen. Die meisten wachsen sehr schnell und eignen sich gut, um eine Rabatte mit einer Blumensäule zu unterstreichen, einen Bogen oder eine Pergola zu beranken oder eine unansehnliche Struktur zu verkleiden. Zusammen mit buschigen Einjährigen können sie die Blütenpracht in die Höhe erweitern, und wenn sie durch Stauden und Sträucher wachsen, bringen sie auch einen Hauch von Natürlichkeit.

KRÖNENDE PRACHT
Die Königin der einjährigen Kletterpflanzen ist zweifellos die Duftwicke (*Lathyrus odoratus*) wegen ihrer schönen, süßlich duftenden Blüten in vielen attraktiven Farben. Auch wenn sie warme, trockene Lagen nicht mag, gedeiht sie in manchen Gärten nahezu makellos und ist eine ausgezeichnete Schnittblume.

DUFTWICKE
Duftwicken werden oft an bis zu 2,5 m hohen Kletterzelten oder Netzen zwischen einer Reihe von Stäben erzogen.

Ein Kletterzelt aus 8–10 Stäben im Kreis gesteckt und oben zusammengebunden.

Wo Duftwicken nicht gedeihen, können andere einjährige Kletterpflanzen wachsen, die in kurzer Zeit eine Fülle lieblicher Blüten und junges grünes Laub bilden. Die wuchernden Prunkwinden (*Ipomoea*) sind besonders

Beleben Sie das Grün des Efeus mit leuchtenden Blüten einjähriger Kletterpflanzen

eindrucksvoll, wenn sie sehr lange Zeit ihre lebhaft gefärbten Trompetenblüten öffnen.

Die meisten einjährigen Kletterpflanzen lassen sich auch in großen Kübeln ziehen, um einen Hinter- oder Innenhof zu schmücken,

PRAKTISCHE TIPPS
• Wenn es warm genug ist, können Sie die Samen direkt in den Garten säen, wo die Pflanze blühen soll (das gilt für alle einjährigen Kletterpflanzen außer *Cardiospermum*, *Cobaea*, *Rhodochiton* und *Thunbergia*).
• Bringen Sie am Standort im Garten Stützhilfen an, bevor Sie direkt aussäen oder pflanzen, um junge Gewächse, besonders die Wurzeln, nicht zu verletzen.
• Lassen Sie viel Platz frei – einjährige Kletterpflanzen können sehr starkwüchsig sein.
• Entspitzen Sie junge Pflanzen, um ein buschiges Wachstum anzuregen.
• Entfernen Sie Verblühtes regelmäßig, um die Blühdauer zu verlängern, es sei denn, die Pflanzen werden wegen ihrer Früchte oder Samenstände kultiviert.

▲ DRAMATISCHE KÖNIGIN
Die mehrjährige Rhodochiton
atrosanguineus *wird wegen
ihrer Blüten mit den großen,
purpurschwarzen Hoch-
blättern einjährig kultiviert.*

◄ ELEGANTER BOGEN
*Die Prunkwinde (*Ipomoea
lobata*) berankt einen Bogen mit
ihren exotischen roten Blüten.*

oder können inmitten von Stauden oder
Sträuchern über die Beete kriechen.

KLETTERPFLANZEN STÜTZEN

Die meisten einjährigen Kletterpflanzen erreichen 2–3 m Höhe und können sich selbst
stützen. Manche wie Prunkwinde und
Schwarzäugige Susanne (*Thunbergia alata*)
haben windende Triebe; Duftwicke und
Prachtranke klettern mit Hilfe zarter Ranken,
während kletternde Kapuzinerkresse und
Rosenkelch sich mit ihren Blattstielen fest-
halten.

Kletterpflanzen können an formalen Stützhilfen wie Obelisken oder Pergolen, entlang
an Holzspalieren, Zäunen oder Drähten, die
an Mauern befestigt sind, erzogen werden
oder durch ein einfaches Kletterzelt aus Stäben wachsen. Binden Sie junge Pflanzen mit
Drahtösen oder Schnur fest, bis sie allein
klettern. Ein natürliches Aussehen entsteht,
wenn Sie lange, verzweigte Äste in den
Boden stecken.

▲ PREISGÜNSTIG UND FRÖHLICH
*Die Kletternde Kapuzinerkresse (*Tropaeolum
peregrinum*) bildet schnell eine dichte Decke
und trägt eine Fülle kleiner, gefranster Blüten.*

DUFTENDE EIN- UND ZWEIJÄHRIGE

B EI DER SUCHE NACH AUFFALLENDEN FARBKOMBINATIONEN wird die Duftkompo-
nente oft übersehen. Aber der Duft – von den dezenten Duftspuren einer
Rabatte bis zu den schweren Aromen, die die Luft dominieren – ist für den Früh-
lings- und Sommergarten unerlässlich. Und es gibt eine Vielzahl duftender Ein-
und Zweijähriger. Sie locken auch nützliche Insekten wie Schmetterlinge und
Bienen in den Garten, um die Blüten zu bestäuben.

BLÜTEN UND BLÄTTER

Jede einjährige Samenmischung für den Garten sollte Duftpflanzen beinhalten. Ein frisch
gepflückter Strauß ist nicht vollkommen, wenn
nicht wenigstens einige duftende Blüten dabei sind. Bei der Auswahl von duftenden
Ein- und Zweijährigen sollten Sie daran
denken, dass nicht alle Formen einer Pflanze
duften müssen. Die weißen Formen des Zier-
tabaks (*Nicotiana*) duften sehr stark, während die meisten anderen Sorten keinen oder
nur wenig Duft versprühen. Bei Petunien ist
es ähnlich, blaue und violette Blüten haben
einen viel stärkeren Duft als andere Farben.

Bei manchen Einjährigen wie Ziertabak und
Levkojen (*Matthiola*) wird der Duft haupt-
sächlich am Abend und nachts gebildet. Er
verwandelt den Garten in einen Ort, an dem
man vor Sonnenuntergang gerne verweilt.
Pflanzt man sie in die Nähe der Fenster, so
kann der Duft in der Nacht ins Haus dringen.

Einige Ein- und Zweijährige haben zwar
keine auffallenden Blüten, sind aber wegen
ihres Duftes beliebt. Die Gartenreseda
(*Reseda odorata*) ist zum Besipiel eine
solche Pflanze.

Natürlich haben nicht alle einjährigen
Pflanzen duftende Blüten. Manche besitzen
aromatische Blätter, besonders wenn man
sie zerreibt. Diese Arten sollten in Gefäßen
oder am Wegesrand wachsen, so dass man
sie regelmäßig streift – probieren Sie Duft-
pelargonien oder *Tagetes* aus, wenn Sie
einen schärferen Duft wünschen.

▲ ABENDDUFT
*Die Gartenlevkoje (*Matthiola
incana*) wird einjährig gezogen
und duftet in der Dämmerung.*

▶ SÜSS UND KLEIN
Pflanzen Sie Duftsteinrich (hier
Lobularia maritima *Easter-
Bonnet-Gruppe) in die Nähe
von Wegen.*

TIERE ANLOCKEN

Duftende Ein- und Zweijährige sind manch-
mal die besten Pflanzen, um wild lebende Tiere
in den Garten zu locken. Die zwei wichtigsten
Eigenschaften, die eine Blüte benötigt, um
Insekten anzuziehen, sind Duft und Farbe.
Allein die Fülle der duftenden, bunten Blüten,
die Ein- und Zweijährige tragen, vor allem alte
»Bauerngarten«-Arten wie Silberblatt und

Tagfalter besuchen Petunien; Nachtfalter lieben Ziertabak

Phlox, sind ein Signal für Insekten. Bienen
werden besonders von Blau und Gelb ange-
zogen, während Falter eher auf Weiß fliegen.
   Genauso wie der Duft sprechen Blüten, die
viele Pollen bilden, vor allem große Gänseblümchen, Käfer und nützliche Fliegen, auch
Schwebfliegen, an. Wenn im Garten viele
Insekten leben, werden auch andere Wild-
tiere wie Vögel und kleine Säugetiere ange-
zogen, um den Garten in ein wahrens Para-

▲ HONIGTOPF
*Zweilippige Blüten
wie diese des Bunt-
schopfsalbeis (*Salvia
viridis*) bringen das
beruhigende Summen
der Bienen in den
Garten.*

◄ FRÜHLINGS-
EINLADUNG
*Die Sumpfblume
(*Limnanthes douglasii*)
lockt mit ihrem üppi-
gen Vorrat an süßem
Nektar frühe Schmet-
terlinge und Bienen in
den Frühlingsgarten.*

PFLANZPLÄNE UND PFLANZARTEN

EINEN PFLANZSTIL WÄHLEN

MIT EIN- UND ZWEIJÄHRIGEN PFLANZEN lässt sich rasch Farbe in den Garten zaubern. Sie können selbst sehr eindrucksvoll wirken oder inmitten von dauerhaften Pflanzen eingesetzt werden, kommen aber am besten zur Geltung, wenn sie mit dem umgebenden Gartenstil harmonieren. Die meisten brauchen eine sonnige Lage oder Teilschatten und gedeihen in jedem Boden, vorausgesetzt, er ist durchlässig. Im Folgenden finden Sie Pflanzideen für Beete, Rabatten oder Gefäße.

EIN- UND ZWEIJÄHRIGE IN RABATTEN

Die klassische Art, Ein- und Zweijährige zu verwenden, ist, Rabatten oder Beete vollständig damit zu bepflanzen, um so eine herrliche Formen- und Farbenpracht im Frühling und Sommer zu kreieren. Sie stellen ein wichtiges Element von Bauerngärten dar, wo Pflanzen verschiedener Formen, Höhen und Farben sich in natürlichen Anlagen völlig vermischen. Wenn Sie für eine solche Rabatte nicht ausreichend Platz haben, versuchen Sie saisonale Glanzpunkte in Stauden- und Strauchbeeten zu setzen, indem Sie Ein- und Zweijährige als Lückenfüller pflanzen. Diese sind auch nützlich, um neu angelegte Gärten reizvoll zu gestalten, bis die dauerhafteren Arten sich eingewöhnen.

◄ STIMMUNG IN BLAU *Warme Farben, die in einer begrenzten Palette und verschiedenen Formen eingesetzt werden, können auffallend aussehen, ohne hektisch zu wirken. Hier schlängeln sich Mädchenauge und Tagetes durch Gruppen hoher blauer und weißer Blütenähren des Salbeis und zierlicher Verbenen in Mauve.*

◄ SOMMERRABATTE *Einjährige bringen ein dauerhaftes Medley aus warmen Farben.*

RABATTE MIT EINJÄHRIGEN

Diese Einjährigen wurden direkt an einem sonnigen, geschützten Platz ausgesät. Die Pflanzen wachsen von der Eibenhecke aus nach unten und bis vorne stufenförmig, wo blaue Ochsenzunge und Winde mit Goldmohn wetteifern. Dahinter versuchen weiße Kapkörbchen den zarten Mohn und die Jungfer im Grünen sowie die Strohblumen zu übertreffen. Hinten bilden Rittersporn und Kornrade einen Kontrast zu Bechermalven und Rudbeckien.

PFLANZPLAN

1 *Agrostemma githago* 'Milas', 70–80 cm hoch
2 *Rudbeckia hirta*, 70–90 cm hoch
3 *Lavatera trimestris* 'Mont Blanc', 60–80 cm hoch
4 *Consolida ajacis* Imperial-Gruppe, 90–120 cm hoch
5 *Dimorphotheca pluvialis*, 20–30 cm hoch
6 *Bracteantha bracteata*, 80–90 cm hoch
7 *Papaver rhoeas* Shirley-Gruppe, 60–70 cm hoch
8 *Nigella damascena* Persische-Juwelen-Gruppe, 45 cm hoch
9 *Anchusa capensis* 'Blue Angel', 20 cm hoch
10 *Eschscholzia californica*, 30 cm hoch
11 *Convolvulus tricolor* 'Royal Ensign', 20–30 cm hoch

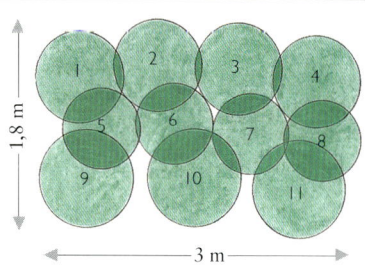

1,8 m

3 m

Rudbeckia hirta
(**Sonnenhut**) hat feste, beblätterte Stängel und freche Blütenköpfe mit konischer, purpurbrauner Mitte; eine gute Schnittblume.

Agrostemma githago 'Milas', eine Kornrade mit tiefrosa gefärbten Blüten, die im Früh- und Hochsommer auf schlanken, seidig grauen Stängeln erscheinen.

Dimorphotheca pluvialis (**Kapkörbchen**) ist einfach zu ziehen und trägt glänzend weiße Blüten, die unterseits violett überhaucht sind.

Anchusa capensis 'Blue Angel' (**Ochsenzunge**), mit ihrer bezaubernden Fülle an kleinen, leuchtend blauen Blüten ist sie eine ausgezeichnete Bienenpflanze.

Helichrysum bracteatum (**Strohblume**) hat papierartige, nie welkende Blüten, die bis in den Herbst halten und sich sehr gut trocknen lassen.

ESCHSCHOLZIA CALIFORNICA
Der Goldmohn beginnt im
Frühsommer zu leuchten;
regelmäßiges Entfernen von
Verblühtem verlängert die
Pracht bis in den Herbst.

MEHR AUSWAHL

HOCH (über 90 cm)
Atriplex hortensis
Malope trifida
Tropaeolum majus

MITTEL (30–90 cm)
Antirrhinum majus
Borago officinalis
Chrysanthemum carinatum

Echium vulgare
Gypsophila elegans
Reseda odorata

NIEDRIG (unter 30 cm)
Calendula officinalis
Iberis umbellata
Layia platyglossa
Linum grandiflorum

Lavatera trimestris 'Mont
Blanc' (Bechermalve) bildet
von Sommer bis Herbst einen
kompakten Busch mit einem
üppigen Blütenflor in reinem
Weiß.

Consolida ajacis (Gartenrittersporn) bildet an festen Stängeln
dichte Blütentrauben in Blau-,
Weiß-, Rosa-, Purpur- und Rot-
tönen; alle eignen sich als
Schnittblumen und zum Trocknen.

Nigella damascena Persische-
Juwelen-Gruppe (Jungfer im
Grünen) mit ihrem feinen Laub,
den weißen, blauen und rosafarbenen Blüten und den
hübschen Samenständen ist in
Bauerngärten sehr beliebt.

Papaver rhoeas Shirley-Gruppe bietet eine herrliche Auswahl an Klatschmohn, meist in Pastelltönen von Rosa, Orange und Mauve.

CONVOLVULUS TRICOLOR
'Royal Ensign' (Dreifarbige
Winde) ist eine buschige Art.
Jede Blüte hält einen Tag lang,
aber die Blüten erscheinen den
ganzen Sommer über.

EINE GEMISCHTE RABATTE

In dieser naturnahen Rabatte vermischen sich Ein- und Zweijährige problemlos mit Stauden. Hohe Ähren der Königskerze und des zweijährigen Fingerhuts erheben sich zwischen mehrjährigen Glockenblumen und Wiesenmargeriten. Unterhalb breiten sich Goldmohn, Flockenblume, Lein und Lobelie zwischen der mehrjährigen Goldgarbe, den Bergenien, Salvien und der Fetthenne aus. Eine Pyramide aus blauer Trichterwinde bildet den Abschluss.

LINUM GRANDIFLORUM '*Rubrum*', einjähriger Roter Lein, hat zarte Stängel und Blüten, die den ganzen Sommer erscheinen.

Digitalis purpurea (**Roter Fingerhut**) trägt hohe purpurne Blütentrauben, die Bienen anziehen. Halten Sie Ausschau nach selbst ausgesäten Sämlingen.

Sedum spectabile (**Fetthenne**) bildet einen sukkulenten Hügel aus grünem Laub, das in milden Gegenden immergrün ist. Die rosa oder purpur gefärbten Blüten erscheinen im Spätsommer und sind für Schmetterlinge unwiderstehlich.

Achillea filipendulina '**Gold Plate**' (**Goldgarbe**) trägt ihre abgeflachten Blütendolden auf kräftigen Stängeln; sie sind langlebig und ideal zum Trocknen.

Salvia × *superba* (**Salbei**) ist eine mehrjährige Staude. Er bildet Horste aufrechter Stängel, die Trauben langlebiger, tiefblauer Blüten tragen.

Lobelia '**Crystal Palace**' ist eine niedrige und buschige Einjährige. Sie ist sehr beliebt als Randpflanze für Rabatten, da sie vom Frühsommer bis in den Herbst blüht.

Eschscholzia lobbii ist ein zierlicher Goldmohn, der niedrige Hügel zarter, farnartiger Blätter bildet, die von einer Fülle kleiner, seidengelber Blüten geschmückt werden.

Centaurea cyanus, die einjährige Kornblume, ist wegen ihrer gefransten Blüten in den Rosa-, Purpur-, Blau- und Weißtönen beliebt; vorne im Beet sollten Sie Zwergformen pflanzen.

PFLANZPLAN

1 *Verbascum chaixii*, 100–130 cm hoch
2 *Achillea filipendulina* 'Gold Plate', 100 cm hoch
3 *Digitalis purpurea*, 100–140 cm hoch
4 *Ipomoea tricolor* 'Heavenly Blue', 2–3 m hoch
5 *Lavatera trimestris*, 70–90 cm hoch
6 *Salvia* × *superba*, 80–90 cm hoch
7 *Sedum spectabile*, 40–50 cm hoch
8 *Campanula persicifolia*, 80–90 cm hoch
9 *Centaurea cyanus*, 60–90 cm hoch
10 *Leucanthemum* × *superbum*, 90–100 cm hoch
11 *Lobelia* 'Crystal Palace', 10–20 cm hoch
12 *Eschscholtzia lobbii*, 15 cm hoch
13 *Linum grandiflorum* 'Rubrum', 45 cm hoch
14 *Bergenia* 'Silberlicht', 30–40 cm hoch

Campanula persicifolia
(Pfirsichblättrige Glocken-
blume) hat weiße
oder blaue Blü-
ten, von Früh-
bis Spätsommer.

Verbascum × *chaixii*,
eine mehrjährige
Königskerze, wird
zweijährig kultiviert
und trägt Blütenähren
hellgelber Blüten, die
aus der Mitte derber,
grauer Blattrosetten
erscheinen.

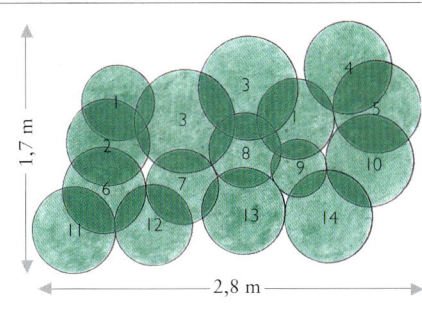

IPOMOEA TRICOLOR
'Heavenly Blue' (Trichterwinde) *kann in einem Sommer
braucht bis zu 3 m hoch
klettern und braucht Temperaturen von mindestens 5 °C.*

Lavatera trimestris (Bechermalve)
ist eine Einjährige aus der Malven-
familie, die den ganzen Sommer
eine Fülle seidiger rosafarbener
oder weißer Trichterblüten bildet.

MEHR AUSWAHL

HOCH (über 90 cm)
Silybum marianum
Tithonia rotundifolia

MITTEL (30–90 cm)
Scabiosa atropurpurea
Tanacetum parthenium

NIEDRIG (unter 30 cm)
Linaria maroccana
Phacelia campanularia

Leucanthemum ×
superbum, Høorst bil-
dende, mehrjährige
Gartenmargerite;
bringt große Blüten
mit gelber Mitte, die
ausgezeichnete
Schnittblumen sind.

Bergenia 'Silberlicht' trägt im
Frühling rosa Blütenbüschel, aber
ihr eigentlicher Schmuck ist das
lederige, immergrüne Laub.

FORMALE BEETE

DIE STRENGE FORMALER BEETE bildet einen starken Kontrast zu der Natürlichkeit von einjährigen oder gemischten Rabatten. Traditionell werden große Beete mit klar vorgezeichneten Gruppen aus unzähligen Einjährigen und kurzlebigen Stauden in einfachem geometrischen Design oder komplizierteren Mustern bestückt. Der auf der nächsten Seite abgebildete Plan folgt denselben Regeln, aber in einem für einen kleineren Garten geeigneten Maßstab.

EINEN FORMALEN STIL KREIEREN

Formale Designs kommen an offenen, sonnigen, aber nicht exponierten Lagen am besten zur Geltung. Der Boden muss durchlässig sein, doch die Feuchtigkeit halten. Viele moderne Einjährige eignen sich mit ihren gleichmäßigen Formen und kräftigen Farben für formale Beete. Zwergwüchsige, kompakte Arten und solche mit langer Blühdauer sind ideal. Große, auffallende Blüten oder Blätter können mit kleineren Formen in ähnlichen oder Kontrastfarben kombiniert werden. Eine bezaubernde Wirkung lässt sich auch durch den Einsatz von Mischungen aus gedämpften Farben erzielen. Am eindrucksvollsten sind formale Beete, wenn alle Pflanzen ihren Blühhöhepunkt zur gleichen Zeit erreichen.

EIN FORMALES BEET ANLEGEN

• Zeichnen Sie den Plan auf Millimeterpapier.
• Markieren Sie das Muster mit Stäben und Schnur oder Sand auf dem Boden.
• Wählen Sie dauerhafte Pflanzen für Abgrenzungen aus; sie sollten relativ klein bleiben und keinen regelmäßigen Schnitt benötigen.
• Pflanzen Sie Einjährige, v. a. bedingt winterharte, ins Beet, und säen Sie nicht direkt aus.
• Schneiden und putzen Sie die Pflanzen regelmäßig aus.
• Achten Sie darauf, dass das Beet nie austrocknet, damit kein ungleichmäßiges Wachstum entsteht.

◄ SCHWERPUNKT FORM
Abgerundete Wälle aus Gartenmargeriten (Leucanthemum 'Show Star') umsäumen ein formales Beet, in dem das leuchtende Blumenrohr (Canna) vorherrscht. Die Blütenähren des einjährigen Ziersalbeis schmiegen sich seitlich an, und das Rot der Canna-Blüten spiegelt sich in den Pelargonien im Nachbarbeet wider.

◄ TEPPICHBEET *Ein schwungvolles Muster aus Silberblatt (Senecio cineraria) und roten Eisbegonien.*

EIN FORMALES BEET

Hier wird ein quadratisches Design von Zwergbuchs umsäumt und von Kies umgeben. Den Mittelpunkt bildet eine Rizinuspflanze, die sich wirkungsvoll von den herabhängenden Blütenähren des Amarants abhebt. Violette Salbei-blüten und rosafarbene Pelargonien heischen um Aufmerksamkeit. Niedrige Reihen goldener *Tagetes* und lachsfarbener *Impatiens* enden in Eckgruppen aus Lobelien und *Ageratum* in kühlem Blau.

PFLANZPLAN

1 *Buxus sempervirens* 'Suffruticosa', 1 m hoch
2 *Ageratum houstonianum* 'Adriatic', 15–20 cm hoch
3 *Impatiens walleriana* Super-Elfin-Gruppe, 15–20 cm hoch
4 *Lobelia* 'Cambridge Blue', 15 cm hoch
5 *Pelargonium* 'Multibloom Pink', 30–40 cm hoch
6 *Tagetes* 'Golden Gem', 20 cm hoch
7 *Amaranthus caudatus*, 60–90 cm hoch
8 *Ricinus communis*, 100–120 cm hoch
9 *Salvia splendens* Kleopatra-Gruppe, 30 cm hoch

AMARANTHUS CAUDATUS
Der eindrucksvolle Garten-fuchsschwanz (Amarant) hat derbe Blätter und prächtige, herabhängende Knäuel blutroter Blüten, denen die Pflanze ihren deutschen Namen verdankt.

Salvia splendens **Kleopatra-Gruppe** ist ein violett blühender Prachtsalbei. Die hübsche, buschige Pflanze bringt den ganzen Sommer lang Blüten hervor.

EMPFOHLENE HECKENPFLANZEN

Die besten Heckenpflanzen für formal angelegte Beete sind Zwergformen, die regelmäßigen Schnitt vertragen. Immergrüne werden am häufigsten gepflanzt, um einen dauerhaften Rahmen zu schaffen. Es kann drei oder vier Jahre dauern, bis die gepflanzte Hecke die gewünschte Höhe und Form erreicht hat.

Buxus sempervirens 'Suffruticosa'
Lavandula angustifolia (kompakte Formen)
Lonicera nitida
Santolina chamaecyparissus
Satureja montana
Teucrium fruticans
Thymus × citriodorus
Thymus vulgaris

Ricinus communis ist ein verzweigter Strauch, der oft als einjährige Strukturpflanze kultiviert wird. Er trägt eindrucksvolles, groß gelapptes Laub, das bronzerot, purpur oder tiefgrün ist.

Lobelia 'Cambridge Blue' ist eine beliebte Beetpflanze, besonders für Umrandungen, da sie kompakte Horste mit einer Fülle blassblauer und weißer Blüten bildet.

Buxus sempervirens 'Suffruticosa' ist wie alle Buchsbaumarten ein langsam wachsendes Immergrün, das ideal für Hecken ist. Sie kann bis zu 1 m hoch werden, lässt sich aber halb so hoch halten, wenn sie zwei Mal im Jahr geschnitten wird.

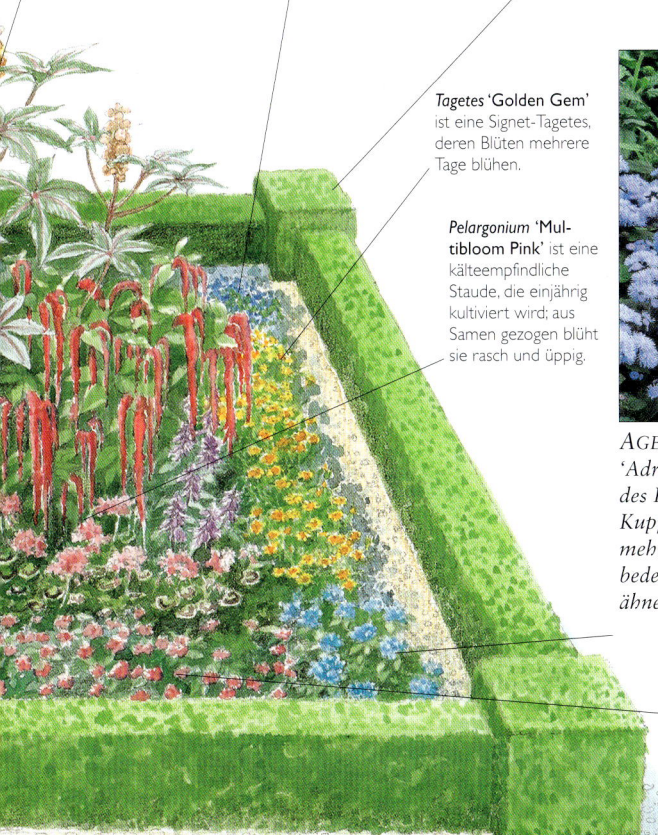

Tagetes 'Golden Gem' ist eine Signet-Tagetes, deren Blüten mehrere Tage blühen.

Pelargonium 'Multibloom Pink' ist eine kälteempfindliche Staude, die einjährig kultiviert wird; aus Samen gezogen blüht sie rasch und üppig.

AGERATUM HOUSTONIANUM *'Adriatic' und andere Formen des Leberbalsams bilden kleine Kuppeln aus Blättern, die für mehrere Wochen von Blüten bedeckt sind und Puderquasten ähneln.*

Impatiens walleriana (Fleißiges Lieschen) hat hübsche Zwergformen wie diese mit auffallenden lachsrosa Blüten. Wird Verblühtes regelmäßig entfernt, blüht sie noch üppiger.

GEFÄSSE BEPFLANZEN

VIELE EIN- UND ZWEIJÄHRIGE sowie einjährig gezogene Stauden wachsen auch in Gefäßen. Diese passen gut in kleine Gärten, werden zum Blickfang in einem Innenhof, füllen Lücken in Sommerrabatten und schmücken Mauern. Wenn die Pflanzen in den Töpfen verblühen, kann man sie gegen andere tauschen und so die Blütenpracht mehrere Monate in aller Schönheit erhalten. Eine Vielzahl von Ideen für schöne Containerbepflanzung finden Sie auf den folgenden Seiten.

AUSWAHL GEEIGNETER GEFÄSSE

Die Auswahl der Gefäße hängt sehr von dem persönlichem Geschmack ab. Heutzutage ist eine große Palette in einfachem oder dekorativem Stil und in allen möglichen Farben erhältlich, die Gefäße aus Beton, Steingut, Terrakotta, Kunststoff, Metall und Holz umfasst. Sie können auch den vertikalen Raum nutzen, wenn Sie Hängeampeln und Wandschalen bepflanzen. Eine weitere Möglichkeit bietet eine Blumensäule, die auch auf kleinstem Raum für herrliche Blütenpracht sorgt. Wer keinen Garten besitzt, kann einen Blumenkasten mit einer großen Vielfalt an Pflanzen bestücken.

Beachten Sie bei der Auswahl der Gefäße, wie diese mit den Farben und Strukturen der Pflanzen und der Umgebung, in die sie platziert werden, harmonieren. Sollen die Töpfe in Gruppen stehen, verwenden Sie nicht zu viel verschiedene Stile und Farben.

PRAKTISCHE TIPPS

• Nehmen Sie Gefäße, die groß und tief genug sind, damit die Wurzeln sich entwickeln können.

• Kleinere Gefäße trocknen schneller aus und müssen häufiger gegossen werden.

• Stellen Sie große Kübel an den endgültigen Standort, bevor sie gepflanzt werden – sie können sehr viel wiegen.

• Verwenden Sie ein Feuchtigkeit speicherndes Substrat, z.B. Einheitserde.

• Geben Sie in die Erde Wasser haltende Granulate und Langzeitdünger, damit die Pflanzen so lange wie möglich kräftig wachsen.

• Stellen Sie die Gefäße an einem geschützten Platz in der Sonne oder im Halbschatten auf (Fleißige Lieschen blühen am besten bei lichtem Schatten).

• Halten Sie die Abzugslöcher frei, indem Sie das Gefäß etwa 15 cm hoch über dem Boden aufstellen; Ziegelsteine eignen sich dafür gut.

◄SCHLICHTER CHARME
Die zarteren Schönheiten unter den Einjährigen wie diese Stiefmütterchen (Viola 'Sorbet Yellow Frost') kommen am besten zur Geltung, wenn man sie allein pflanzt, damit sie von prächtigeren Arten nicht verdrängt werden.

◄BLÜTENKASKADE *Körbe und Töpfe mit Lobelien, Fleißigen Lieschen und Pelargonien.*

EINE GRUPPE MIT GEFÄßEN

Durch regelmäßiges Düngen und Ausputzen kann man diese Blütenpracht in Töpfen von 23-75 cm Größe bis zum Herbst bewundern. Den Mittelpunkt der Gruppe bildet die *Thunbergia* an einem Kletterzelt. Weitere Höhe und mehr Volumen bringen der schlanke Ziertabak und die üppigen Pelargonien. Kriechende und hängende Lobelien, Schneeflockenblumen, Kapuzinerkresse und Verbenen sorgen für mehr Variationen an Form und Farbe.

NICOTIANA 'LIME GREEN'
Die Blüten dieser Tabakpflanze sind von einem ungewöhnlichen Gelbgrün, das einen herrlichen Hintergrund für Violett und Rot bildet. Zudem verströmen sie in der Nacht einen wunderbaren Duft.

Thunbergia alata (Schwarzäugige Susanne) ist eine reich blühende, windende Kletterpflanze. Ihre Blüten können apricot, rosa, weiß, creme oder orange sein, haben aber immer eine schwarze Mitte, der die Pflanze ihren deutschen Namen verdankt.

Lobelia 'Sapphire' hat schlanke, hängende Triebe und üppige, zweilippige Blüten in tiefem Saphirblau.

Scaevola aemula 'New Wonder', die Blaue Fächerblume, ähnelt der Lobelie, breitet sich aber eher aus und wächst weniger hängend; die Blätter sind größer, die blauen Blüten derber.

Tropaeolum majus 'Hermine Grashoff', die Große Kapuzinerkresse, trägt herabfallendes Laub und duftende, auffallende, gefüllte orangerote Blüten. Es ist ungewöhnlich, dass sie nicht aus Samen gezogen werden kann, aber mit Kopfstecklingen gelingt es.

Sutera grandiflora 'Sea Mist' (Schneeflockenblume) hat zarte, sich ausbreitende, hängende Triebe und eine Fülle winziger Blüten, die perfekt über den Topfrand herabfallen.

PFLANZPLAN

1 *Nicotiana* 'Lime Green', 50–60 cm hoch
2 *Tropaeolum majus* 'Hermine Grashoff', 20–30 cm hoch
3 *Sutera grandiflora* 'Sea Mist', 15–30 cm hoch
4 *Thunbergia alata*, 2–3 m hoch
5 *Lobelia* 'Sapphire', 20 cm hoch
6 *Scaevola aemula* 'New Wonder', 20–30 cm hoch
7 *Gazania* Daybreak Gruppe, 20 cm hoch
8 *Impatiens* Super Elfin Gruppe, 20–50 cm hoch
9 *Pelargonium* 'Multibloom Pink', 40–60 cm hoch
10 *Mimulus* Malibu Gruppe, 20–50 cm hoch
11 *Verbena* 'Imagination', 20–30 cm hoch
12 *Torenia fournieri* 'Blue Moon', 20–40 cm hoch

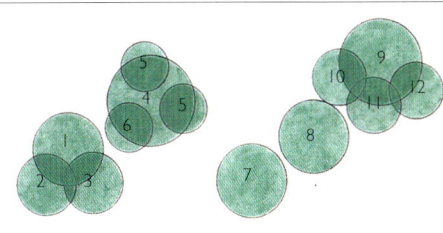

MEHR AUSWAHL

BUSCHIG
Browallia speciosa
Salpiglossis sinuata
Schizanthus pinnatus

HÄNGEND
Bidens ferulifolia
Sanvitalia procumbens

BLÄTTER
Helichrysum petiolare
Solenostemon scutellarioides

Mimulus Malibu Gruppe (Gauklerblume) gedeiht in feuchter Erde. Ihre creme-farbenen, gelben, orange- und rosafarbenen oder roten Trompetenblüten sind oft hübsch gefleckt.

Pelargonium 'Multibloom Pink' ist eine der zahlreichen modernen buschigen, sehr reich blühenden Topfgeranien, die sich für alle Gefäße eignen.

Gazania Daybreak Gruppe (Mittagsgold) ist eine auffallende, Rosetten bildende Pflanze mit Blüten in Rosa, Weiß, Orange, Gelb oder Bronze, die sich in der Sonne öffnen.

Torenia 'Blue Moon' ist eine buschige Ein-jährige mit Blüten in zwei Blautönen und Violett, die bis in den Herbst halten.

Verbena 'Imagination' (Eisenkraut) hat eine halb hängende Wuchs-form und bildet leuchtende Blüten-büschel in tiefem Violettblau.

Impatiens Super Elfin Gruppe, eine Form der beliebten Fleißigen Lieschen, füllt mit ihren Blüten in Rot-, Rosa-, Orange- Mauvetönen oder in Weiß allein einen Topf.

BLUMENKASTEN UND HÄNGEAMPEL

Auch sie müssen täglich gegossen, regelmäßig ausgeputzt und gedüngt werden. Es gibt Befestigungen, die das Herunterlassen von Hängeampeln und somit den Zugang erleichtern. Haben Sie keine Angst davor, ein Gefäß mit Einjährigen eng zu besetzen; spärlich bepflanzt sieht es selten gut aus. Hängeampeln mit einer einzigen wüchsigen Art wirken üppig, während Blumenkästen mit einer Pflanzenkomposition eindrucksvoller aussehen.

PFLANZPLAN FÜR DEN BLUMENKASTEN

1 *Sutera grandiflora* 'Knysna Hills', 30 cm hoch
2 *Exacum affine*, 20–30 cm hoch
3 *Torenia fournieri* 'Blue Moon', 40 cm hoch
4 *Tagetes* 'Tangerine Gem', 20 cm hoch
5 *Lobelia* 'Snowball', 20 cm hoch
6 *Brachyscome iberidifolia*, 40 cm hoch
7 *Verbena* 'Tapien Pink', 20 cm hoch
8 *Begonia semperflorens* hybrids, 30 cm hoch
9 *Impatiens walleriana* Tempo Series, 23 cm hoch

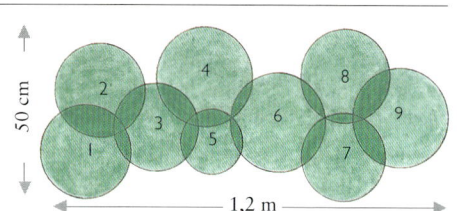

50 cm

1,2 m

Tagetes 'Tangerine Gem', eine Signet-*Tagetes*, ist eine kräftige Einjährige mit streng duftendem Laub und langlebigen Blüten in Mandarinorange.

Lobelia '**Schneeball**' ist eine buschige Sorte mit blassgrünen Blättern und einer Fülle eleganter weißer Blüten.

Exacum affine (Blaues Lieschen) wird sehr häufig als Zimmerpflanze verwendet, sieht aber im Sommer im Blumenkasten genauso gut aus. Es hat hellgrüne, fleischige Blätter und violettblaue Blüten mit auffallenden gelben Staubblättern.

Torenia fournieri '**Blue Moon**' lässt sich sowohl als Sommerblume als auch als Zimmerpflanze kultivieren.

Sutera '**Knysna Hills**' (Schneeflockenblume) mit ihren kriechenden bis halb hängenden Trieben sowie dem üppigen Blütenflor lässt harte Kanten besonders weich erscheinen.

Petunia Surfinia **Gruppe** eignet sich sehr gut für Hängeampeln, weil die Sorten einen hängenden Wuchs haben und die langlebigen Blüten lange Zeit üppig erscheinen und sehr wasserresistent sind. Eine ähnliche Wirkung lässt sich mit Efeupelargonien erzielen.

MEHR AUSWAHL

HÄNGEAMPELN

Bidens ferulifolia
Diascia (hängende Formen)
Impatiens walleriana
Lobelia erinus (besonders hängende Sorten)
Verbena

BLUMENKÄSTEN

Capsicum annuum
Erysimum cheiri
Felicia amelloides
Impatiens hawkeri New-Guinea-Gruppe
Nolana humifusa
Pelargonium (hängende oder efeublättrige Formen)
Petunia
Sanvitalia procumbens
Scaevola aemula
Senecio cineraria

Brachyscome iberidifolia (Kurzschopf) ist eine hübsche, kriechende, teils hängende Einjährige mit fein zerteilten Blättern und unzähligen kleinen, Margeriten ähnlichen Blüten mit gelber Mitte.

Begonia semperflorens ist eine sukkulente, buschige Einjährige mit Blüten in Rosa-, Rot-, Purpur- oder Weißtönen, die von Sommer bis Herbst erscheinen.

Impatiens walleriana (Fleißiges Lieschen) gedeiht in der Sonne oder im Halbschatten und ist eine der besten Topfpflanzen. Die Tempo-Gruppe trägt Blüten in vielen Farben außer Blau und Gelb.

Verbena 'Tapien Pink' (Eisenkraut) ist eine kriechende Pflanze mit federartigem Laub und flachen Dolden satt rosafarbener Blüten. Sie blüht lange Zeit üppig.

PFLANZENPFLEGE

DER SCHLÜSSEL ZUM ERFOLG

EIN- UND ZWEIJÄHRIGE stellen im Allgemeinen keine großen Ansprüche, aber damit sie sich von ihrer besten Seite zeigen können, sind Pflanzung und Pflege wichtig. Es lohnt sich, sich etwas Zeit für die Bodenvorbereitung zu nehmen, doch auch bei der Auswahl der Pflanzen für die richtige Bodenart und Lage. Eine üppige Blütenpracht von Spätfrühling bis Herbst wird Sie dafür belohnen.

BODENVORBEREITUNG

Eine Rabatte voller bunter Einjähriger ist in jedem Garten ein aufregender Anblick. Das zu erreichen ist nicht schwer, wenn der Standort richtig und der Boden gut vorbereitet ist und die Pflanzen gesund sind. Wählen Sie eine offene Sonnenlage aus, am besten nicht unter überhängenden Bäumen, und einen Boden, der nicht zu nährstoffreich ist – die meisten Einjährigen gedeihen in normalen, durchlässigen Böden. Die Vorbereitung des Bodens sollte bevorzugt im Herbst erfolgen.

BODENVORBEREITUNG

• Entfernen Sie lästige Unkräuter wie Ackerwinde oder Quecke; Unkrautvernichter nur in Notfällen einsetzen.

• Ist der Boden in einem guten Zustand, rechen Sie darüber, ist er verdichtet, graben Sie ihn etwa spatentief um. Rechen Sie die Erde glatt.

• Verabreichen Sie nährstoffarmen Böden Langzeitdünger.

kräftiger, buschiger Wuchs

unausgewogener Wuchs

PFLANZENKAUF
Wählen Sie kräftige, gesunde Pflanzen mit üppigem, tiefgrünem Laub und ohne Anzeichen von Schädlingen und Krankheiten aus. Lassen Sie Exemplare mit gelben Blättern, verkümmertem Wuchs, trockenem, bemoostem Substrat oder verdichtetem Wurzelballen stehen.

GESUNDE PFLANZE

KRÄNKELNDE PFLANZE

◀ IDEALE PARTNER *Hohe Fingerhutblüten überragen den karminroten Mohn.*

AUSSAAT EINJÄHRIGER IM HAUS

PFLANZENANZUCHT AUS SAMEN zählt zu den lohnendsten Erfahrungen im Garten. Einjährige eignen sich besonders gut für Anfänger, um schnell Ergebnisse zu erzielen, denn sie reifen und blühen oft innerhalb von wenigen Wochen nach der Aussaat. Bei gemäßigtem Klima sollten die Samen der bedingt winterharten und empfindlichen Einjährigen am besten unter Glas ausgesät werden, so dass man die Sämlinge auspflanzen kann, wenn die Frostgefahr vorüber ist.

AUSSAAT IN SCHALEN

In Kisten oder speziellen Saatschalen kann man große Mengen an Samen aussäen. Verwenden Sie immer peinlich saubere Gefäße und steriles Saatgut, um Infektionen zu vermeiden. Wenn das Substrat zu grob ist, wird es zuerst gesiebt. Nach der Aussaat kann man die Schale ins Gewächshaus oder Frühbeet stellen, aber auch ein breites Fensterbrett eignet sich gut, wenn die Sonne nicht direkt darauf scheint.

1 **Drücken Sie** die Erde mit der Hand bis zu 1 cm unter dem Rand fest. Wässern Sie gründlich, das Wasser soll abfließen.

2 **Streuen Sie** die Samen dünn auf die Oberfläche. Große Samen werden mit einer Erdschicht bedeckt. Beschriften Sie die Schale.

3 **Decken Sie** das Gefäß mit Glas oder Klarsichtfolie ab. Der Platz soll hell, aber nicht in der Sonne sein. Nach der Keimung belüften.

IN TÖPFEN AUSSÄEN

Kleinere Mengen an Samen können in Plastik-, Ton- oder Torfquelltöpfen ausgesät werden. Der Saatvorgang ist wie in Schalen (*siehe oben*). Drücken Sie die Erde nicht zu fest an, und säen Sie nicht zu dicht, sonst werden die Sämlinge lang und dünn und die Gefahr einer Pilzinfektion steigt. Vergessen Sie nicht zu beschriften, um Verwirrungen zu vermeiden.

VERMICULIT
Wenn Sie die Samen mit etwas Vermiculit oder feinem Kies bedecken, bleiben sie feucht und werden beim Gießen geschont.

Große Samen gleichmäßig platzieren.

KOMPOSTIERBARE TÖPFE
Setzen Sie 2 oder 3 große Samen in einen Quelltopf. Dünnen Sie bis auf einen Sämling aus.

PFLEGE DER SÄMLINGE

Um sich gesund zu entwickeln, brauchen die Sämlinge viel Licht und Feuchtigkeit. Keimlinge, die an Lichtmangel leiden *(siehe rechts)*, wachsen selten zu kräftigen Pflanzen heran, aber bei starkem Sonnenlicht wiederum können sie verbrennen. Auch dürfen sie nie austrocknen. Bei durchlässigem Substrat kann man kaum zu viel gießen. Die Sämlinge sollten nicht zu lange in der Saatschale bleiben, weil sie zu dicht wachsen und die Wurzeln ein Geflecht bilden, das sich schwer entwirren lässt *(unten)*. Die beste Zeit für den Umzug ist, wenn die Sämlinge ein bis zwei echte Blätter gebildet haben; diese entwickeln sich nach den beiden Keimblättern.

vergeilende Keimlinge

LICHTVERSORGUNG
Wenn die Keimlinge sich entwickelt haben, ist es wichtig, dass sie gleichmäßig Licht bekommen. Sonst vergeilen sie (werden blass und lang). Drehen Sie die Gefäße auf dem Fensterbrett regelmäßig, so dass die Sämlinge nicht nur in eine Richtung wachsen.

1 Heben Sie die Sämlinge mit einem Bleistift vorsichtig aus der Erde. Halten Sie sie an den winzigen Blättern; ist der Spross beschädigt, geht der Sämling meist ein.

2 Bohren Sie in die frische Erde des neuen Gefäßes Löcher, die für die Wurzeln groß genug sind und setzen Sie die Sämlinge hinein. Vorsichtig mit einer Sprühflasche bewässern.

AUSSAAT IN MULTITOPFPLATTEN

Multitopfplatten gibt es in vielen Größen und aus verschiedenen Materialien, aber vor allem aus Kunststoff. Gegenüber Saatschalen und Töpfen haben sie den Vorteil, dass die Sämlinge so wenig wie möglich gestört werden und jeder allein wachsen kann, bis er ausgepflanzt wird. Samen können direkt in kleine Multitopfplatten gesät oder Keimlinge in größere Platten umgesetzt werden. Multitopfplatten trocknen rasch aus, also das Gießen nicht vergessen.

SÄMLINGE MIT WURZELBALLEN
Der Wurzelballen eines Keimlings bleibt unbeschadet, wenn man ihn heraushebt.

AUSSAAT IM FREIEN

DIE MEISTEN EINJÄHRIGEN, vor allem winterharte und bedingt winterharte Arten, eignen sich für die Aussaat im Freien. Die Samen können über weite Flächen gestreut werden. Jeder durchlässige Boden ist geeignet, aber die Vorbereitung des Saatbeets (*siehe S. 45*) ist wichtig. Nehmen Sie keinen Dünger oder Stallmist, damit die Pflanzen nicht weich werden und zu viele Blätter bilden; verabreichen Sie einen organischen Dünger, wenn vorher Einjährige ausgesät wurden.

BREITWÜRFIGE AUSSAAT

Das Ausstreuen der Samen geht schneller als die Reihensaat, hat aber den Nachteil, dass man die Erde zwischen den Keimlingen nicht hacken kann. Um breitwürfig zu säen, wird die Erde mit dem Rechen fein zerkrümelt. Die Samen werden möglichst gleichmäßig verteilt und dann mit Hilfe des Rechens leicht mit der Krume vermischt.

SAMEN VERTEILEN

SAMEN BEDECKEN

MARKIERUNG EINER RABATTE

Einjährige wirken am besten, wenn sie in großen Gruppen ausgesät werden. Um diesen Effekt zu erzielen, wird der Boden nach dem Vorbereiten und Glattrechen mit Pflöcken und Schnur, mit Stäben oder Sand markiert. Bemessen Sie jede Fläche innerhalb der Rabatte großzügig; breite, überlappende Gruppen sind eindrucksvoller als kleine.

DEN BODEN MARKIEREN
Ziehen Sie mit Sand Linien; er ist leicht zu sehen und lässt sich korrigieren. Zeichnen Sie eine große Fläche für jede Samenart.

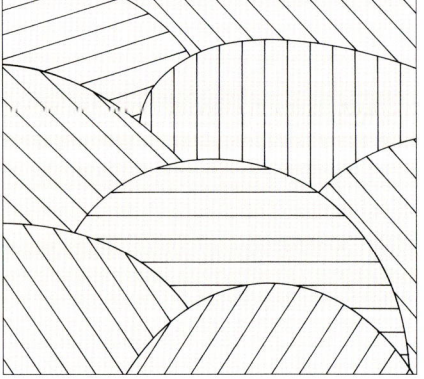

SAATPLAN
Rillen in benachbarten Flächen sollten in verschiedene Richtungen verlaufen. Markieren Sie mit einem Stab jeweils 10-12 cm.

REIHENSAAT IN RABATTEN

Es ist hilfreich, vor dem Säen einen groben Plan zu zeichnen. So können Sie in benachbarten Gruppen Einjährige säen, die in Höhe und Farbe zusammenpassen. Man kann den Namen jeder Art auf dem Plan eintragen. Bei sehr trockenem Boden werden die Rillen vorher leicht gewässert. Altes Saatgut sät man dichter als gewöhnlich, da es ungleichmäßig keimt.

1 **Verteilen Sie** die Samen mit der Hand gleichmäßig und dünn in den Saatrillen. Feines Saatgut kann direkt aus der Packung ausgestreut werden. Säen Sie nicht zu dicht.

2 **Streuen Sie** mit der Hand lockere Erde über die Rillen. Drücken Sie den Boden leicht an, und wässern Sie mit einer feinen Brause, um die Samen nicht wegzuschwemmen.

3 **Am Anfang** sehen die Keimlinge etwas spärlich aus, aber bald bilden sie dichte Gruppen. Kontrollieren Sie die Reihen; entfernen Sie das Unkraut dazwischen.

4 **Wenn nötig**, dünnen Sie die Keimlinge auf etwa 5–6 cm aus, bei größeren Einjährigen etwas mehr. Ziehen Sie überzählige Keimlinge heraus, und drücken Sie die Erde fest an.

EINZELSAAT

Kletterpflanzen wie die Prunkwinde sowie Einjährige wie Sonnenblumen haben ziemlich große Samen, die einzeln gesät werden können. Bohren Sie in den vorbereiteten Boden kleine Löcher mit dem Finger oder dem Setzholz, legen Sie dann einen oder zwei Samen in jedes Loch, das mit Erde bedeckt wird. Wenn ein Samen nicht aufgeht, kann der andere keimen. Keimen beide, wird der schwächere Keimling entfernt. Bringen Sie bei einjährigen Kletterpflanzen die Stützen, z.B. Stäbe oder Obelisken, vor der Aussaat an.

DUFTWICKEN AN EINEM KLETTERZELT *Säen Sie an jedem Stab zwei Samen aus; den schwächeren Sämling entfernen, wenn er vier Blätter hat.*

Einjährige Pflanzen

Einjährige, die in Töpfen vorgezogen wurden, müssen in den Garten oder in Gefäße gepflanzt werden. Winterharte Pflanzen können im Frühjahr jederzeit umziehen, aber bei anderen sollte man warten, bis die Frostgefahr vorüber ist; in manchen Regionen kann der Umzug erst im Frühsommer erfolgen. In diesem Fall werden die Pflänzchen regelmäßig in frische Erde umgetopft.

Pflanzung neuer Einjähriger

Auch vor dem Auspflanzen ist die Bodenvorbereitung entscheidend *(siehe S. 45)*. Der Boden sollte warm und feucht sein. Setzen Sie die Pflanzen nicht in kalte und sehr nasse Erde. Heben Sie Jungpflanzen vorsichtig aus ihren Töpfen heraus, um die Wurzeln nicht zu beschädigen, und pflanzen Sie in gleichmäßigem Abstand.

Tagetes auspflanzen

Blumenkästen bepflanzen

Ein Blumenkasten bringt den Garten fast ins Haus. Scheuen Sie sich nicht davor, ihn dicht zu bestücken; spärlich bepflanzte Kästen sehen glanzlos aus. Gießen Sie die Gewächse vor dem Einpflanzen gründlich, und überlegen Sie, wie sie arrangiert werden sollen. Bilden Sie Kontraste mit auffälligen und zierlichen Pflanzen, aufrechten und hängenden Arten. Füllen Sie den Kasten bis auf 2 cm unter dem Rand mit feuchter Blumenerde; Wasser speicherndes Granulat, das man beimischt, hält das Substrat feucht. Düngen Sie bepflanzte Blumenkästen regelmäßig mit Flüssigdünger.

1 Klopfen Sie jede Pflanze aus dem Topf heraus, und stützen Sie den Wurzelballen am Grund des Stängels, um die Wurzeln nicht zu verletzen.

2 Pflanzen Sie die größeren Arten zuerst. Die Hälse der Pflanzen sollten 1 cm unter dem Rand bleiben, um leichter gießen zu können.

3 Hängende Arten werden vorne platziert; leicht angedrückt. Füllen Sie Erde nach; ebnen Sie ein, und gießen Sie ausgiebig.

BEPFLANZEN VON HÄNGEAMPELN

Im Allgemeinen sieht eine Mischung aus
buschigen und hängenden Einjährigen in einer
Hängeampel sehr gut aus. Aber auch eine einzelne prächtige Art wie Fleißiges Lieschen
kann Wirkung erzielen. Nach dem Bepflanzen
sollte der Korb einige Wochen unter Glas stehen, damit die Pflanzen einwachsen, bevor er
an seinen endgültigen Platz im Freien kommt.
Der beste Ort für eine Hängeampel ist ein
warmer, windgeschützter Bereich im Garten.

EINE BEPFLANZTE AMPEL
*Setzen Sie hängende Pflanzen am Rand,
buschige, aufrechte Arten in der Mitte ein,
damit eine Blütenkugel entsteht.*

AUSKLEIDUNG

Körbe, ob aus Kunststoff oder Metall, müssen
ausgekleidet werden, um das Substrat und das
Wasser zu halten. Viele Pflanzenfreunde ver-
wenden nicht mehr das klassische Material
Torfmoos oder Sphagnum, da dessen natürli-
che Vorkommen gefährdet sind. Moderne
Materialien sind Schaumgummi, Filz und
Kokosfasern. Manche sind schon in passender
Größe zugeschnitten. Durch Zugabe von
Wasser speicherndem Granulat bleibt die
Feuchtigkeit länger erhalten.
Mischen Sie jedoch nicht zu
viel unter, sonst quillt die
Erde über.

SCHAUMGUMMI

1 Stellen Sie den Korb auf einen Eimer.
Schneiden Sie überstehende Enden der Auskleidung ab. Füllen Sie ein Drittel Blumenerde
und Wasser speicherndes Granulat ein.

2 Schneiden Sie mit einem Messer seitlich
Schlitze in die Auskleidung ein, um die
Pflanzen hineinzudrücken (zuerst die
Wurzeln).

3 Setzen Sie die Pflanzen ohne Beschädigung
der Wurzeln durch die Schlitze ein. Füllen
Sie mehr Substrat ein, bepflanzen Sie Oberfläche, drücken Sie alles leicht an, und gießen Sie.

ZWEIJÄHRIGE PFLANZEN

EINIGE DER HÜBSCHESTEN PFLANZEN sind Zweijährige. Sie blühen im zweiten Jahr nach der Aussaat und sterben dann ab, wenn sie Samen angesetzt haben. Sie haben den Nachteil, dass sie im ersten Jahr wertvollen Platz wegnehmen, ohne Blüten zu bilden. Aber viele besitzen interessante Blattrosetten und passen besser in eine gemischten Rabatte oder in einen Bauerngarten als in ein Beet mit Einjährigen, die man am Ende des Gartenjahres entfernt.

ANZUCHT VON ZWEIJÄHRIGEN

Zweijährige können im Spätwinter oder jederzeit bis Frühsommer ausgesät werden. Viele lassen sich unter Glas ziehen und wie Einjährige im Frühsommer auspflanzen. Am besten ist ein abseits gelegener Platz, so dass sie bis zum Herbst nicht an den endgültigen Standort umziehen müssen; ein Teil des Gemüsegartens ist ideal dafür.

Säen Sie die Zweijährigen im Spätfrühling oder Frühsommer in ein vorbereitetes Saatbeet, dann pflanzen Sie die Sämlinge in ein separates Beet, wo sie bis Herbst bleiben (*siehe unten*). Sie können auch im Saatbeet Reihen aussäen, die Sämlinge ausdünnen und sie weiter dort kultivieren. Ausgebreitete Netze halten Vögel und Katzen fern (*siehe S. 54*). Während der Entwicklung ist Schutz vor Schnecken notwendig.

AUSWAHL AN ZWEIJÄHRIGEN

Diese Zweijährigen sind alle winterhart. Die meisten lassen sich einfach aus Samen ziehen.

Bellis perennis (Gänseblümchen)
Campanula medium (Marienglockenblume)
Eryngium giganteum (Elfenbeindistel)
Erysimum cheiri (Goldlack)
Lunaria annua (Silberblatt)
Meconopsis betonicifolia (Tibet-Scheinmohn, Anzucht aus Samen schwierig)
Myosotis sylvatica (Vergissmeinnicht)
Oenothera biennis (Gewöhnliche Nachtkerze)
Onopordum acanthium (Eselsdistel)
Smyrnium perfoliatum (Gelbdolde)
Verbascum bombyciferum (Seidenhaar-Königskerze)

1 Sobald die Keimlinge im Frühsommer 5–8 cm groß sind, werden sie mit einer Grabegabel herausgehoben. An den Wurzeln sollte möglichst viel Erde hängen bleiben.

2 Pflanzen Sie die Keimlinge 15–20 cm voneinander entfernt in Reihen von 20–30 cm Abstand. Die Wurzeln benötigen ausreichend Platz. Leicht andrücken und gut angießen.

3 Im Herbst werden die Jungpflanzen herausgehoben und am endgültigen Platz eingepflanzt. Bei Trockenheit muss der Boden vor dem Ausgraben gewässert werden.

ZWEIJÄHRIGE ÜBERWINTERN

Die meisten Zweijährigen sind völlig winterhart. Einige mögen keine Winterfeuchte und benötigen den Schutz einer Plastik- oder Glashaube. Tibet-Scheinmohn und Seidenhaar-Königskerze gehören dazu. Während die meisten Zweijährigen über den Winter grün bleiben und eine gleichmäßige Blattrosette bilden, sterben manche bis auf eine Knospe ab. Andere wie der Goldlack entwickeln sich schon im ersten Jahr zu buschigen Pflanzen.

SÄMLINGE IM ERSTEN JAHR
Die Blattrosette der Marienglockenblume ist immergrün und bildet nur im Frühling des zweiten Jahres Blütenstängel.

SELBST AUSGESÄTE SÄMLINGE UMPFLANZEN

Viele Zweijährige bilden Unmengen von Samen, die sich rasch im ganzen Garten selbst aussäen. Die Sämlinge findet man oft in der Nähe der Elternpflanzen. Die noch kleinen Sämlinge der Zweijährigen sind nicht immer leicht von denen der Unkrautpflanzen zu unterscheiden. Deshalb dürfen Sie das Unkraut nicht entfernen, bis die Sämlinge mehrere charakteristische Blätter gebildet haben, wenn Sie sie weiterziehen wollen. Dann können Sie die Pflänzchen bestimmen und sie entweder anderswo einpflanzen (*siehe unten*) oder um sie herum Unkraut jäten.

1 Achten Sie im Spätsommer oder Frühherbst auf Sämlinge, die in der Nähe der großen Pflanzen wachsen (hier ein Roter Fingerhut). Wässern Sie trockenen Boden.

2 Heben Sie die Sämlinge mit einer Handschaufel vorsichtig heraus, so dass möglichst viel Erde an den Wurzeln verbleibt, damit sie sich wieder gut eingewöhnen.

3 Setzen Sie Sämlinge an der Stelle, wo sie im nächsten Jahr blühen sollen, in einem Abstand von mindestens 30 cm ein. Drücken Sie die Erde an, und wässern Sie.

PFLANZENPFLEGE DURCH DAS JAHR

VERSCHIEDENE MASSNAHMEN SORGEN DAFÜR, dass die Jungpflanzen sich gleichmäßig und gesund entwickeln. Sie müssen vor der Konkurrenz der Unkräuter und vor den Schädlingen geschützt werden und sollten bei Bedarf eine Stützhilfe bekommen. Gießen Sie nur bei sehr trockenem Wetter. Einjährigen in Gefäßen kann man Langzeit- oder Flüssigdünger verabreichen, aber in Rabatten benötigen sie keine zusätzlichen Nährstoffe.

SCHUTZ UND STÜTZHILFE

Bedingt winterharte und empfindliche Pflanzen, die unter einer Abdeckung gezogen wurden, müssen einige Wochen lang abgehärtet werden, bevor man sie ins Freie pflanzt. Anfällige Jungpflanzen brauchen Schutz vor Schädlingen. Hochwüchsige oder kletternde Ein- und Zweijährige sowie solche mit dünnen Trieben benötigen Kletterhilfen, die angebracht werden müssen, solange die Pflanzen jung sind; fast ausgewachsene Exemplare könnten dabei leicht beschädigt werden.

JUNGPFLANZEN ABHÄRTEN
Vor dem Auspflanzen werden empfindliche und bedingt winterharte Einjährige durch Abdecken mit Folie oder Vlies abgehärtet.

SCHUTZ VOR SCHÄDLINGEN
Kaninchendraht oder Plastiknetze über den Jungpflanzen bieten Schutz vor Katzen und Vögeln. Auch Schneckenkontrolle ist wichtig.

STÜTZHILFE BIETEN
Zweige eignen sich gut, weil sie bei ausgewachsenen Pflanzen nicht mehr zu sehen sind. Nicht zu dicht an den Wurzeln anbringen.

AN STÜTZEN FESTBINDEN
Stützen Sie hohe Pflanzen mit Stäben, die man in die Erde steckt. Um sie herum wird eine Schnur gespannt. Bei Kletterpflanzen müssen die jungen Triebe mit weichem Material locker angebunden werden, um Verletzungen vorzubeugen.

VERBLÜHTES ENTFERNEN

Durch regelmäßiges Ausputzen werden unansehnliche, welke Blüten entfernt. Zudem wird auch die Blühdauer von vielen Ein- und Zweijährigen verlängert. Denn die Pflanze steckt mehr Energie in die Bildung von Früchten als von Blüten und stellt die Blütenproduktion ein, sobald die Samenstände reif sind. Große Blüten lassen sich leichter ausputzen. Wenn die dekorativen Früchte oder Samen erwünscht sind, entfernt man nur wenig Verblühtes.

▲KURZSTIELIGE BLÜTEN
Jede welke Blüte (hier eine Petunie) wird nahe des Blattknotens ausgekniffen.

◄LANGSTIELIGE BLÜTEN
Schneiden Sie die Stiele oder Blütenähren (hier Salbei) mit der Gartenschere ab. Achten Sie darauf, die Stiele nahe der darunter liegenden reifen Blätter zu entfernen, damit sie nicht unansehnlich wirken und einen Infektionsherd für die Pflanzen bilden.

MASSNAHMEN AM ENDE DES GARTENJAHRES

Während des Herbstes, besonders nach dem ersten Frost, sterben die Einjährigen ab und bieten einen unschönen Anblick. Jetzt sollten sie am besten entfernt und weggeworfen werden, entweder auf den Kompost oder in die Mülltonne. Danach kann der Boden umgegraben werden. Dabei können gut abgelagerte Komposterde oder Hornspäne eingearbeitet werden. Einjährige können problemlos mehrere Jahre an gleicher Stelle kultiviert werden - vorausgesetzt, der Boden ist frei von mehrjährigen Unkräutern.

WELKES UND ABGESTORBENES ENTFERNEN
Rechen Sie den Boden von vorne nach hinten, um welke Pflanzen zu entfernen. Vermeiden Sie, die Erde zu betreten, damit sie nicht verdichtet wird, besonders bei schweren Tonböden.

GIESSTIPPS

• Manche Ein- und Zweijährige, z.B. Fleißige Lieschen und Petunien, brauchen den ganzen Sommer über viel und regelmäßig Wasser. Die meisten gießt man jedoch nur bei warmem, trockenem Wetter.

• Übermäßiges Gießen hat üppige, weiche Triebe zur Folge, die bei Wind leicht umfallen. Unregelmäßige, aber reichliche Wassergaben sind besser, als wenig und oft zu gießen.

• Verwenden Sie eine feine, leichte Brause, um die Pflanzen nicht zu beschädigen; in Töpfen vermeidet man so die Benetzung der Blätter.

• Gießen Sie nach Möglichkeit mit Regenwasser oder Grauwasser (z.B. aus Küche oder Bad), um die Ressourcen zu schonen.

SAMEN SELBST SAMMELN

SAMEN SELBST ZU SAMMELN macht Spaß. Ein- und Zweijährige bilden meist Unmengen von Samen, die Sie mit anderen Gartenfreunden teilen können. Viele von ihnen entwickeln Pflanzen, die wie die Elternpflanzen aussehen. Bei Samen von Hybriden und Sorten ist das nicht der Fall, so dass die Pflanzen oft geringwertig sind. Solche Samen sollte man besser wegwerfen. Manche Einjährige bilden jedoch natürliche Hybriden, wobei viele hübsche Variationen entstehen.

SAMENGEWINNUNG

Samen sind in verschiedenen Fruchttypen oder Samenständen enthalten. Am einfachsten sind Samen in trockenen Kapseln: Sie werden herausgeschüttelt oder man zerdrückt vorsichtig die Hülle, um die Samen zu sammeln. Manche Samenstände fallen in einzelne Samenteile auseinander. Bei den Korbblütern sind zahlreiche Samen in flache oder kegelförmige Scheiben eingebettet und können rasch entfernt werden. Am schwierigsten ist die Samengewinnung von klebrigen oder fleischigen Früchten.

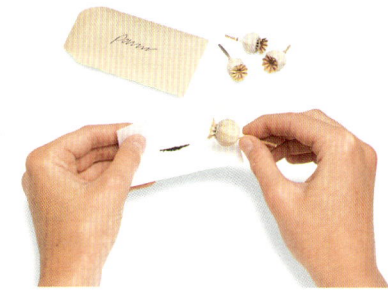

MOHN
Wenn die Samenkapseln des Mohns reif sind, erscheint ein Ring aus Poren und man kann die Samen herausschütteln, wie Pfeffer aus dem Streuer. Sammeln Sie die Samen in Papiertüten.

GRÄSER
Grassamen sind reif, wenn die Samenstände abbrechen. Ziehen Sie die Hand über die Ähren, um die Samen von der Spreu zu trennen. Nach dem Säubern in Papiertüten aufbewahren.

SONNENBLUME
Der Samenstand besteht aus Hunderten von Samen. Wenn die Sonnenblume trocken und braun ist, sind die Samen reif. Reiben Sie sie mit der Hand über sauberem Papier ab.

SILBERBLATT
Die Samenhüllen sind flach und oval, und die Samen sind in die Membran in der Mitte eingebettet. Entfernen Sie die Hülle von beiden Seiten, um die flachen Samen zu gewinnen.

SAMEN VORBEREITEN UND LAGERN

Denken Sie daran, dass Samen leben und sorgfältig behandelt werden müssen, wenn sie bis zum nächsten Jahr keimfähig bleiben sollen. Deshalb müssen selbst gesammelte Samen richtig getrocknet, aussortiert und gelagert werden.

Reife Früchte oder Samenstände sollten vollständig trocknen, bevor sie eingelagert werden, um zu verhindern, dass die Samen schimmeln. Papierartige Samenkapseln brauchen in der Regel wenig Vorbereitung und können ganz aufbewahrt werden. Die Samen fleischiger Früchte muss man einzeln mit der Hand herauslösen, bevor die Früchte zu faulen beginnen und schimmelig werden. Tragen Sie bei diesen Arbeiten Handschuhe, weil manche Samen Allergien verursachen und andere giftig sind.

Bewahren Sie das Saatgut in Papiertüten oder Pappschachteln auf; Kunststoff erhöht die Feuchtigkeit, so dass die Samen faulen können. Achten Sie darauf, die Tüten deutlich zu beschriften, sonst kommt es mit Sicherheit zu einem Durcheinander, auch wenn Sie glauben, die Samen problemlos unterscheiden zu können.

SAMEN TROCKNEN
Nach dem Sammeln Früchte und Samenstände in offenen Schachteln für einen Tag an einem warmen, trockenen, nicht zu hellen Platz liegen lassen und gelegentlich schütteln.

SAMEN VON DER SCHALE BEFREIEN
Sie können fein- oder grobmaschige Siebe verwenden, um die Schalen loszuwerden. Geben Sie die Samen in ein Sieb und schütteln Sie es leicht; es fallen nur die Samen durch.

PRAKTISCHE TIPPS

• Kapseln sind reif, wenn sie papierartig und braun werden; fleischige Früchte, wenn sie die Farbe verändern. Sobald die Blüten erscheinen, regelmäßig kontrollieren.

• Werfen Sie alle Früchte oder Samenstände, die Anzeichen von Schimmel oder Krankheiten zeigen, weg.

• Feine Schalen können mitausgesät werden.

• Beschriften Sie jede Tüte.

• Samen vieler Ein- und Zweijähriger können bei 1–5 °C mehrere Jahre gelagert werden.

SAMEN LAGERN
Geben Sie die Samen in Papiertüten, die beschriftet werden. Lagern Sie diese an einem kühlen, trockenen, dunklen Ort, z.B. in einer luftdichten Dose im unteren Kühlschrankfach.

POT MARI-GOLD

PROBLEMEN VORBEUGEN

EIN- UND ZWEIJÄHRIGE IM GARTEN sind im Allgemeinen frei von Schädlingen und Krankheiten, wenngleich Jungpflanzen gern von Schnecken gefressen werden. Kräftige Pflanzen, die in einem guten Boden wachsen und ausreichend gegossen werden, bleiben von Schädlingen und Krankheiten weitgehend verschont. Wenn Probleme auftauchen, ist es in der Regel nicht nötig, zur chemischen Keule zu greifen, denn diese Mittel schaden auch nützlichen Tieren.

VORBEUGEN UND HEILEN

Es hilft schon, wenn man den Lebensraum von Wildtieren im Garten fördert, um viele Schädlinge fern zu halten oder ihre Zahl zu verringern. Manche Einjährige ziehen Nutzinsekten an und helfen so anfälligeren Pflanzen wie Rosen. Vögel spüren Schadinsekten auf, und durch das Ausbreiten von Netzen kann man wiederum die Jungpflanzen vor ihnen schützen. Katzen können viel Ärger bereiten, aber es gibt verschiedene Möglichkeiten wie Ultraschallgeräte und Duftkörner, um sie zu vertreiben. Die wahrscheinlich größten Plagen im Garten sind Blattläuse und Schnecken, die man mit biologischen Mitteln abwehren kann.

Mehr Probleme tauchen unter Glas auf, besonders bei der Anzucht von bedingt und nicht winterharten Einjährigen. Hier ist peinlichste Sauberkeit notwendig. Verwenden Sie saubere Töpfe oder Schalen und frisches und steriles Substrat. Spinnmilben und Dickmaulrüssler können durch Einsatz von Nützlingen bekämpft werden. Kontrollieren Sie Ihre Pflanzen regelmäßig. Viele Schädlinge kann man mit der Hand absammeln. Haben sich Schädlinge und Krankheiten erst einmal ausgebreitet, ist die Abwehr schwieriger, und sie haben den Pflanzen wahrscheinlich schon beträchtlichen Schaden zugefügt.

▲ UMFALLKRANKHEIT
Durch diese Pilzerkrankung faulen Keimlinge plötzlich und fallen um. Säen Sie nicht zu dicht, verwenden Sie sterile Erde und saubere Gefäße.

FREUNDLICHE INSEKTEN
Die Larven der Florfliegen
(oben) *und Marienkäfer* (rechts)
sowie Libellen sind in der Abwehr von Blattläusen sehr wirksam. Anstatt Pestizide einzusetzen, sollten Sie mit Hilfe nektarreicher Ein- und Zweijähriger diese nützlichen Insekten in den Garten locken.

▶ SCHÄDEN DURCH SPINNMILBEN
Die Schäden durch Spinnmilben erkennt man oft an braunen, später gelben Flecken auf den Blättern. Hohe Luftfeuchtigkeit vertragen sie nicht.

ARBEITSKALENDER

WINTER

• Bringen Sie die Beete in Ordnung, geben Sie abgestorbene Pflanzen auf den Kompost. Samenstände sollen nicht auf den Komposthaufen gelangen, da sie sonst im nächsten Jahr an unerwünschter Stelle keimen.

• Graben Sie die Beete der Einjährigen (oder Bereiche in gemischten Rabatten) um. Im Winter bleiben sie kahl, damit der Frost die Erdklumpen zerkrümelt und eine feinkrümelige Oberfläche entsteht.

• Betreten Sie schwere Tonböden nicht bei nassem Wetter.

• Verabreichen Sie Hornspäne oder andere organische Langzeitdünger.

• Machen Sie für nächstes Jahr Pläne, wählen Sie Einjährige aus; sehen Sie sich in Gartencentern und Samenkatalogen um.

• Zeichnen Sie Saat- und Pflanzpläne auf Papier, und überlegen Sie sich Farben, Formen und Höhen für das nächste Jahr.

FRÜHJAHR

• Säen Sie bedingt und nicht winterharte Einjährige unter Glas aus.

• Säen Sie Samen von Zweijährigen direkt ins Freie und winterharte Einjährige als Lückenfüller in gemischte Rabatten.

• Entfernen Sie alle Unkräuter, und rechen Sie den Boden glatt, um eine fein zerkrümelte Oberfläche zu erhalten.

• Säen Sie winterharte Ein- und Zweijährige im Freien aus.

• Pflanzen Sie bedingt und nicht winterharte Einjährige unter Glas aus.

• Dünnen Sie winterharte Einjährige aus, wenn es nötig ist.

• Kontrollieren Sie regelmäßig auf Anzeichen von Schädlingen und Krankheiten; schützen Sie neue Pflanzen vor Schnecken, und entfernen Sie alle infizierten Pflanzen.

• Geben Sie hochwüchsigen oder kletternden Einjährigen Stützhilfe, z.B. Stäbe, Zweige, Drahtnetze.

• Fangen Sie an, die Gefäße für den Sommer zu bepflanzen.

ABDECKUNGEN
Ein- und Zweijährige, die direkt ins Freie gesät wurden, können durch eine Abdeckung vor Kälte und Frühjahrsfrösten geschützt werden.

SOMMER

• Bedingt und nicht winterharte Pflanzen werden abgehärtet, wenn die Frostgefahr vorüber ist.

• Bringen Sie die letzten Kletterhilfen an, und beschädigen Sie die Jungpflanzen dabei nicht.

• Pflanzen Sie bedingt winterharte und empfindliche Einjährige in den Garten und in die Gefäße.

• Düngen Sie die Pflanzen in Gefäßen, sobald sie sich eingewöhnt haben, wenn das Substrat keinen Langzeitdünger enthält.

• Wässern Sie die Töpfe und Jungpflanzen bei trockenem Wetter täglich.

• Jäten Sie regelmäßig Unkraut, und kontrollieren Sie auf Schädlings- und Krankheitsbefall, der bei Bedarf bekämpft wird.

• Regelmäßiges und häufiges Ausputzen verlängert die Blühdauer. Wenn Sie Samen brauchen, entfernen Sie Verblühtes nicht mehr, während eine Reihe Blütenstängel noch bis Ende des Gartenjahres verbleiben.

• Beginnen Sie mit der Aussaat von bedingt und nicht winterharten Einjährigen im Saatbeet, die dann unter Glas weiterwachsen, um im Winter unter einer Abdeckung zu blühen.

HERBST

• Säen Sie weiter Einjährige unter Glas aus, die im Spätwinter und zeitigen Frühjahr blühen sollen.

• Pflanzen Sie ein Jahr alte Zweijährige an ihren endgültigen Standort. Bilden Sie Gruppen, damit die Blütenpracht besser zur Geltung kommt.

SAMENSTAND DER STROHBLUME

• Sammeln Sie Samen.

• Entfernen Sie allmählich verblühte einjährige Pflanzen aus Gefäßen.

• Heben Sie kurzlebige Stauden, die als Beetpflanzen genutzt werden, auf. Pflanzen wie Pelargonien und Fleißige Lieschen können in Töpfen in einem frostfreien Gewächshaus oder im Haus überwintert werden. Machen Sie außerdem Kopfstecklinge.

• Samen werden sortiert, getrocknet, eingepackt und über Winter eingelagert, vorzugsweise im Kühlschrank.

• Bestellen Sie Samenkataloge, um die Pflanzpläne für das kommende Jahr vorzubereiten.

EMPFEHLENS-WERTE PFLANZEN

Es GIBT EINE GROSSE VIELFALT an Ein- und Zweijährigen, sowohl als Samen wie auch als Sämlinge. Die meisten stellen kaum Ansprüche, brauchen nur einen durchlässigen Boden und Sonnenlage; viele sind völlig winterhart und benötigen keinen Frostschutz. Wenn nicht anders angegeben, blühen die Pflanzen im Sommer.

☼ *bevorzugt volle Sonne* ☀ *bevorzugt Halbschatten* ✳ *nicht umpflanzen* ◊ *bevorzugt durchlässigen Boden* ◖ *bevorzugt feuchten Boden* ✳✳✳ *völlig winterhart (bis –20 °C)* ✳✳ *frosthart (bis –5 °C)* ✳ *bedingt winterhart (bis 0 °C)* **niedrig** *(bis zu 30 cm)* **mittelhoch** *(30-90 cm)* **hoch** *(über 90 cm)* ♥ *RHS Award of Garden Merit*

A

Ageratum houstonianum
(Leberbalsam)
Polsterförmige, niedrige Einjährige mit ovalen Blättern und rosa, blauen oder weißen Blüten. Gut für Schmetterlinge. 'Blaue Donau' ist zwergwüchsig, mit himmelblauen Blüten; 'Bengali' blüht blassrosa, dunkelt später nach. Aussaat im Freien im Spätfrühling.
☼ ◊ ✳✳
'Adriatic' S. 36

Agrostemma githago
(Kornrade)
Mittelhohe Einjährige mit paarweise angeordneten, schlanken, graugrünen Blättern und rosa Trompetenblüten. Für einjährige Wiesen und als Schnittblume.
☼ ☼ ◊ ✳✳✳
'Milas' S. 30

AGROSTEMMA GITHAGO
'MILAS'

Alcea rosea (Stockrose)
Hohe Zweijährige oder kurzlebige Staude, oft einjährig kultiviert, mit großen, rauen, handförmigen Blättern und langen Blütentrieben mit einfachen oder gefüllten Trompeten in vielen Farben. 'Chater's Double' wird 2,8 m hoch und trägt rote, rosa, gelbe oder weiße, gefüllte Blüten. 'Majorette' ist 60 cm, 'Summer Carnival' 2 m hoch, beide mit verschiedenen Farben. Aussaat im Spätsommer oder Vorfrühling unter Glas.
☼ ◊ ✳✳✳

Amaranthus (Amarant)
Hohe Einjährige mit dichten, troddelartigen Trauben winziger Blüten im Sommer.
A. hypochandriacus hat aufrechte, breite oder abgeflachte Trauben dunkelroter Blüten und purpurn überhauchte Blätter und ist völlig winterhart wie A. caudatus (Gartenfuchsschwanz). A. tricolor ist eine frostharte, buschige Einjährige mit Blättern in Rot-, Karmin- oder Purpurtönen, oft mit kontrastreichem Gold, Bronze oder Rosa. Aussaat im Frühjahr im Freien.
☼ ☼ ◊ Winterhärte variiert.
A. caudatus S. 36

◀ BRONZEFARBENER SONNENHUT *Eine leuchtende* Rudbeckia *'Radiant Gold'.*

Anchusa capensis
(Ochsenzunge)
Buschige, niedrige bis
mittelhohe Zweijährige,
wird einjährig gezogen. Sie
hat behaarte, lanzettliche
Blätter und Büschel blauer
Blüten. Zieht Schmetterlinge
und Bienen an. Die mittelhohe 'Blue Bird' bildet himmelblaue Blüten. Aussaat im
Sommer oder Vorfrühling
unter Glas.
☼ ◊ ❋❋
'Blue Angel' S. 30

Anethum graveolens (Dill)
Beliebtes, mittelhohes, einjähriges Gewürzkraut (S. 22)
mit fein zerteiltem Laub und
flachen Dolden kleiner, gelb-
grüner Blüten. Für Sträuße.
☼ ◊ ❋❋❋

Antirrhinum majus
(Löwenmäulchen)
Niedrige bis mittelhohe
Stauden, die einjährig ge-
zogen werden. Buschig mit
lanzettlichen Blättern und
Ähren duftender, zweilippi-
ger Blüten in verschiedenen
Farben. Viele Sorten von
zwergwüchsig bis hoch.

ANTIRRHINUM MAJUS
SONNET-GRUPPE ♀

ARCTOTIS FASTUOSA 'ZULU
PRINCE'

Die Sonnet-Gruppe ist mittelhoch und reich blühend.
Aussaat im Vorfrühling oder
Spätsommer unter Glas oder
im Frühjahr im Freien.
☼ ◊ ❋❋

Arctotis fastuosa (Bärenohr)
Mittelhohe Einjährige mit
tief gelappten, elliptischen,
silbernen Blättern und
großen, orangen Korbblüten
mit dunkler Zeichnung und
schwärzlich purpurner Mitte.
'Zulu Prince' hat weiße Blüten und silbriges Laub. Har-
lekin-Hybriden (× *Venidio-
arctotis*) tragen filzige Blätter
und gelbe, orange, weiße,
aprikosenfarbige oder rote
Blüten. Gute Schnittblumen.
☼ ◊ mindestens 5 °C

Argemone (Stachelmohn)
Robuste, mittelhohe Pflanze
mit distelartigen Blättern und
großen Mohnblüten, denen
stachelige Samenstände folgen. *A. mexicana* bildet 8 cm
große gelbe oder orange
Blüten; *A. grandiflora* hat
größere, weiße Blüten. Aussaat im Frühjahr im Freien.
☼ ❋ ◊ ❋

Atriplex hortensis
(Gartenmelde)
Aufrechte Einjährige, bis
1,2 m hoch, mit spinatähn-
lichen Blättern in tiefem
Grün, bis Bronze bei *A. var.
rubra* (S. 6). Lange Büschel
winziger, rötlich oder grünlich bronzefarbene Blüten.
☼ ◊ ❋❋

B

Bassia scoparia f. *trichophylla* ♀, Syn. *Kochia scoparia* (Brennender Busch)
Mittelhohe, schnellwüchsige
Einjährige mit zypressenähnli-
chen Blätter, die sich im Herbst
rot färben. Aussaat im Frühjahr unter Glas.
☼ ◊ ❋❋

Begonia semperflorens
(Eisbegonie)
Niedrige, buschige Stauden,
als Einjährige kultiviert. Rundliche, spröde Blätter in Dunkel-
grün, Bronze, rötlich oder
panaschiert. Kleine Büschel
einfacher oder gefüllter Blüten
in Weiß, Rosa, Rot oder Apricot. Aussaat im zeitigen Frühjahr unter Glas oder Stecklinge
im Sommer und Frühherbst.
☼ ◊ mindestens 13 °C
Begonia semperflorens S. 31,
S. 43. Empfehlenswert:
Cocktail-Gruppe, 'Organdy'

Bellis perennis
(Gänseblümchen)
Niedrige, Rosetten bildende
Staude, wird einjährig kultiviert, mit einfachen oder
dicht gefüllten Blütenständen.
Die Carpet-Gruppe und
'Goliath' haben Blüten von
8 cm Durchmesser, 'Pompo-
nette' wird 2,5 cm groß;
beide in Rosa, Rot, Weiß

BORAGO OFFICINALIS

oder zweifarbig. Aussaat im Frühjahr unter Glas, im Sommer im Freien.
☼ ◊ ❄

Bidens ferulifolia ♥
(Zweizahn)
Mittelhohe, kriechende Staude, wird einjährig gezogen. Fein zerteiltes Laub und gelbe Blüten. Aussaat im Frühjahr unter Glas oder Stecklinge im Sommer und Frühherbst.
☼ ◊ ❄❄-

Borago officinalis (Borretsch)
Mittelhohe bis hohe, behaarte Einjährige. Sie trägt große, ovale Blätter und Büschel nickender, sternförmiger, blauer oder weißer Blüten. Bienenpflanze. Aussaat im Frühjahr; oft Selbstaussaat.
☼ ◊ ❄❄❄

Brachyscome iberidifolia
(Kurzschopf)
Niedrige, kriechende bis hängende Einjährige (*S. 42*) mit fein geteilten, grünen Blättern und kleinen, blauen, rosa, purpur oder weißen Blüten. Aussaat im Frühjahr.
☼ ◊ ❄❄

Bracteantha bracteata Syn.
*Helichrysum bracteata*ˑ
(Strohblume, Immortelle)
Niedrige bis mittelhohe, aufrechte, verzweigte Einjährige (*S. 17, S. 31*) mit lanzettlichen Blättern und papierartigen Blüten in Rot-, Gelb-, Orange-, Rosa- und Weißtönen mit gelber Mitte. Zum Trocknen geeignet. Zwerg- bis hochwüchsige Sorten. Aussaat im Frühjahr.
☼ ❄ ◊ ❄

Brassica oleracea (Zierkohl)
Wird wegen ihrer bunten Blätter kultiviert; ausgezeichnet für Herbst- und Winterbeete. Osaka-Gruppe hat offene Köpfe bis 45 cm Größe mit bläulich grünen Außenblättern und rosa oder roter Mitte. 'Tokio' ist ähnlich, aber nur bis 25 cm groß.
☼ ◊ ❄

Browallia speciosa
Mittelhohe, buschige Staude, wird einjährig kultiviert. Ovale Blätter und auffallende Blüten in Violettblau mit weißer Mitte oder weiß bei der kompakten 'White Troll'. Aussaat im Frühjahr unter Glas.
☼ ◊ mindestens 10 °C

C

Calendula officinalis
(Ringelblume)
Buschige Einjährige und kurzlebige Stauden mit rauen, aromatischen, elliptischen Blättern in Blassgrün und einfachen oder gefüllten Blüten in Gelb, Orange, Apricot oder Creme. Gute Schnittblumen. Viele Sorten

CALLISTEPHUS CHINENSIS
'GIANT PRINCESS'

in verschiedenen Höhen. Aussaat im Frühjahr; oft Selbstaussaat.
☼ ◊ ❄❄❄

Callistephus chinensis
(Sommeraster)
Mittelhohe bis hohe, buschige Einjährige. Viele Sorten, mit einfachen, halb und dicht gefüllten, pompon- oder strahlenförmigen Blüten, in den meisten Farben außer Gelb. Gute Schnittblumen. Aussaat im zeitigen Frühjahr unter Glas.
☼ ◊ ❄❄

Campanula medium
(Marienglockenblume)
Mittelhohe Zweijährige, bildet im ersten Jahr derbe, immergrüne Blattrosetten. Trägt von Spätfrühling bis Frühsommer Pyramiden einfacher oder gefüllter Glockenblüten in Blau-, Purpur-, Rosa- oder Weißtönen. Bei 'Cup and Saucer' ♥ ist der grüne Blütenkelch tellerförmig verbreitert. Aussaat im Sommer.
☼ ◊ ❄❄❄
C. isophylla 'Stella Blue' *S. 4*

Capsicum annuum
(Zierpaprika)
Niedrige, buschige Pflanze mit lanzettlichen bis elliptischen, mittelgrünen Blättern und glänzenden Früchten. Die Schönsten sind die der Cerasiforme-Gruppe mit kleinen, runden Früchten in Purpur, Gelb oder Rot sowie der Conoides-Gruppe mit aufrechten, kegelförmigen Schoten in Weiß, Grün oder Scharlachrot.
☼ ◊ mindestens 5 °C

Celosia argentea
(Silberbrandschopf)
Mittelhohe, buschige Staude, wird einjährig gezogen. Ovale, mittelgrüne Blätter und pyramidenförmige, fedrige Büschel winziger Blüten in Gelb, Apricot, Rosa oder Rot. *Var. cristata* mit flachen Blütenständen. Aussaat im zeitigen Frühjahr unter Glas.
☼ ◊ ❋❋

Centaurea cyanus
(Kornblume)
Niedrige bis mittelhohe, aufrechte Einjährige (S. 33) mit schmalen, lanzettlichen, graugrünen Blättern. Im Sommer bis Herbst mit zahlreichen blauen, purpurnen, rosa oder weißen Blüten. Sorten verschiedener Wuchshöhen. Ausgezeichnete Schnittblumen. Aussaat im Herbst oder im zeitigen Frühjahr.
☼ ❅ ◊ ❋❋❋

Chrysanthemum carinatum
Syn. *Ismelia carinata*
(Sommerchrysantheme)
Mittelhohe, buschige Einjährige mit federigen, blassgrünen Blättern und margeritenähnlichen Blüten in verschiedenen

CLEOME HASSLERIANA
'ROSE QUEEN'

Farben, in der Mitte mit einem Kreis in Kontrastfarben. Gute Schnittblumen. Niedrige und mittelhohe sowie einfache und gefüllte Formen. Aussaat im Frühjahr.
☼ ❅ ◊ ❋❋

Clarkia amoena Syn. *Godetia amoena* (Atlasblume)
Aufrechte, mittelhohe Einjährige mit einfachen oder gefüllten Blüten mit seidigen, oft gefransten Blütenblättern in Rosa, Mauve und Scharlachrot. Aussaat im Frühjahr.
☼ ❅ ◊ ❋❋❋

Cleome hassleriana
(Spinnenpflanze)
Hohe, kräftige Einjährige mit behaarten Stängeln und mittelgrünen, handförmig geteilten Blättern. Breite Trauben stark duftender Blüten in Rosa, Mauve, Purpur oder Weiß, hervorstehende Staubfäden. Zuchtsorten haben auffälligere Blüten. Aussaat im zeitigen Frühjahr unter Glas.
'Helen Campbell' ♥ S. 15. Empfehlenswert: 'Rose Queen'
☼ ◊ ❅

Consolida ajacis
(Gartenrittersporn)
Hohe Einjährige mit fein eingeschnittenen, federigen Blättern und großen Trauben einfacher oder gefüllter Spornblüten in Blau, Rosa, Mauve oder Weiß. Sorten aller Wuchshöhen. Aussaat im Frühjahr.
☼ ◊ ❋❋❋
Imperial-Gruppe S. 37

Convolvulus tricolor
(Dreifarbige Winde)
Aufrechte bis sich ausbreitende Einjährige, Trichterblüten in Blau, Rosa oder Violett mit weißer und gelber Mitte. Aussaat im Frühjahr.
☼ ◊ ❋❋❋
'Royal Ensign' S. 31. Empfehlenswert: 'Blue Flash'

Coreopsis (Mädchenauge)
Mittelhoch, buschig mit grünen, lanzettlichen Blättern und leuchtend gelben Blütenkörbchen von Sommer bis Frühherbst. *C. tinctoria* ist einjährig; *C. grandiflora*, eine Staude, wird einjährig gezogen. Gute Schnittblumen.
☼ ◊ ❋❋❋

COREOPSIS TINCTORIA

EMPFOHLENE KLETTERPFLANZEN

Cardiospermum halicacabum (Ballonpflanze)
Eine bis zu 3 m hohe Kletterpflanze. Schlanke Triebe tragen dekorative, zweifach gelappte Blätter und unscheinbare Blüten, denen im Sommer und Herbst ballonartige, strohfarbene Samenkapseln folgen. Aussaat im Frühjahr unter Glas.
☼ ◊ mindestens 5 °C

Cobaea scandens ♀
(Glockenrebe)
Starkwüchsig mit Wickelranken an den tiefgrünen Blättern und Glockenblüten, beim Öffnen grün, später violettblau oder bei *f. alba* weiß. Aussaat im Frühjahr unter Glas.
☼ ◊ mindestens 5 °C

Eccremocarpus scaber ♀
(Schönranke)
Ranken bildendes, bis 4 m hohes Immergrün, wird einjährig kultiviert, überwintert aber oft. Doppelt gefiederte, graugrüne Blätter und lange Trauben röhrenförmiger Blüten in Rot, Orange oder Rose, zitronenförmige, aufgeblähte Samenhülsen.
☼ ◊ ❋❋

Ipomoea (Prunkwinde)
Windende Kletterpflanze mit herzförmigen Blättern und Trichterblüten, die sich in der Sonne öffnen. *I. alba* ist ein bis zu 7 m hohes Immergrün mit 15 cm großen, duftenden weißen Blüten. *I. purpurea* (mindestens 5 °C), bis zu 4 m hoch, hat

LABLAB PURPUREUS

weiße, blaue, purpurne oder rötliche Blüten. I. tricolor (Dreifarbige Prunkwinde) benötigt mindestens 5 °C.
☼ ◊ teilweise winterhart
'Grandpa Ott' *S. 15*, **I. lobata** *S. 25*, **I. tricolor** 'Heavenly Blue' ♀ *S. 33*

Lablab purpureus
(Helmbohne)
Wüchsige, bis zu 5 m hohe, windende, sommergrüne Staude, wird einjährig kultiviert. Kleeblattartige Blätter und purpur oder rosa Schmetterlingsblüten, purpurrote, glänzende Samenstände. Aussaat im Frühjahr.
☼ ◊ mindestens 5 °C

Lathyrus odoratus
(Duftwicke) ♀
Einjährige (*S. 4*), bis 3 m hoch. Große, lieblich duftende Schmetterlingsblüten an langen Stielen in verschiedenen Farben außer Gelb. Zahlreiche Sorten, meist Kletterformen. Ideale Schnittblumen. Aussaat im Herbst oder Frühjahr unter Glas.
☼ ◊ ❋❋❋

Rhodochiton atrosanguineus ♀ (Rosenkelch)
Windende Staude, bis 3 m hoch, wird einjährig kultiviert. Herzförmige Blätter und im Sommer bis Herbst hängende, röhrenförmige, rötlich violette Blüten mit hellvioletten Hochblättern.
☼ ◊ mindestens 3-5 °C

Thunbergia alata
(Schwarzäugige Susanne)
Windende Einjährige (*S. 40*), bis 3 m hoch, mit herzförmigen Blättern und seitwärts schauenden Blüten in Orange, Creme, Gelb oder Apricot mit schwarzer Mitte. Aussaat im Frühjahr unter Glas.
☼ ◊ ❋

Tropaeolum
(Kapuzinerkresse)
T. majus bis 3 m hoch, mit Spornblüten, vor allem in Rot, Orange, Gelb und Rosa. *T. peregrinum*, bis 2,5 m hoch, mit gelben, vogelartigen Blüten. Aussaat im zeitigen Frühjahr unter Glas, im Spätfrühling im Freien.
☼ ◊ mindestens 3 °C

LATHYRUS ODORATUS 'MARS'

Cosmos bipinnatus
(Schmuckkörbchen, Cosmea)
Verzweigte Einjährige, bis
1,5 m hoch, mit federigem
Laub und großen Blüten in
Rosa, Mauve, Rot und Weiß.
C. sulphureus hat goldgelbe
Blüten. Aussaat im Frühjahr.
☼ ◊ ❋❋❋

D

Dahlia (Dahlie)
Niedrigere mehrjährige Gar-
tendahlien, die einjährig kultiviert werden, sind buschig,
20–50 cm hoch, mit tiefgrünen, fleischigen Blättern und
zahlreichen einfachen, halb
oder dicht gefüllten Blüten in
vielen Farbtönen außer Blau.
Gute Schnittblumen. Zahlreiche Sorten. Aussaat im Frühjahr unter Glas; Stecklinge
oder Teilung im Frühjahr.
☼ ◊ mindestens 5 °C

Dianthus (Nelke)
Niedrig bis mittelhoch,
buschig mit lanzettlichen
bis linealischen Blättern und
duftenden, gefransten Blüten, meistens in Rot, Rosa
und Weiß, einige mit gelben

DAHLIA-COLTNESS-HYBRIDE

DIANTHUS 'CHERRY PICOTEE'

Blüten wie 'Bookham
Fancy'. Gute Schnittblume.
D. barbatus (Bartnelke) hat
dichte Blütenstände. *D. chinensis* (Kaisernelke) hat zier-
lich gefranste, einfache oder
gefüllte Blüten. Aussaat im
Frühjahr oder Frühsommer.
☼ ◊ ❋❋❋
D. 'Telstar' S. 17

Digitalis (Fingerhut)
Weich behaarte Zweijährige
oder kurzlebige Staude, die
derbe, immergrüne Blattrosetten im ersten Jahr bildet.
Die röhrenförmigen Blüten
sind purpurn, rosa, gelb oder
weiß, oft innen gefleckt, und
stehen in dichten, einseitig
verjüngenden Trauben von
bis zu 1 m Höhe. Aussaat im
Frühjahr oder Sommer; oft
Selbstaussaat.
☼ ◊ ❋❋❋
D. purpurea S. 32, S. 53

Dimorphotheca pluvialis
(Kapkörbchen)
Niedrige, buschige Einjährige (S. 30) mit dunkelgrünen,
elliptischen Blättern und
weißen Blütenkörbchen mit
bräunlich roter Mitte. Aussaat im Frühjahr.
☼ ◊ ❋

Dorotheanthus bellidiformis
(Mittagsblume)
Niedrige, Polster bildende
Einjährige mit schmalen
grauen Blättern und fein-
strahligen Blüten in Gelb,
Rot, Rosa oder Weiß, oft
mit dunkler Mitte. Aussaat
im Frühjahr unter Glas.
☼ ◊ ❋

E

Echium vulgare
(Natternkopf)
Niedrig bis mittelhoch,
buschig, weich behaart.
Ein- oder Zweijährige mit
lanzettlichen Blättern und
verzweigten Blütenständen,
purpur, rosa, blaue oder
weiße Trichterblüten. Aussaat im Frühjahr.
☼ ◊ ❋❋❋

Eryngium giganteum ♀
(Elfenbeindistel)
Hohe Zweijährige mit
stacheligen Blättern und
distelähnlichen blauen
Blütenständen und silbrigen
Hochblättern. Gut als
Trockenblume. Aussaat im
Frühjahr; oft Selbstaussaat.
☼ ◊ ❋❋❋

Erysimum cheiri
Syn. *Cheiranthus cheiri*
(Goldlack)
Mittelhohe, buschige Zwei-
jährige oder kurzlebige
Staude mit tiefgrünen, ellip-
tischen Blättern und Trauben
duftender Blüten in Rot,
Gelb, Orange, Bronze und
Creme im Frühling. Passt zu
Zwiebelpflanzen. Zahlreiche
Sorten, auch Zwergformen.
Aussaat im Frühsommer.
☼ ◊ ❋❋❋
'Fire King' S. 14

EUPHORBIA MARGINATA

Eschscholzia californica ♥
(Goldmohn)
Niedrige bis mittelhohe, suk-
kulente Einjährige (*S. 31*),
die manchmal überwintert.
Sie trägt grau- oder blaugrü-
nes, fiedriges Laub und vier-
zählige, seidig glänzende
Blüten in Gelb, Orange, Rot,
Rosa und Apricot, manch-
mal zweifarbig. Formen mit
gefransten und halb gefüllten
Blüten. Aussaat im Frühjahr
oder im Herbst in milden
Regionen.
☼ ◊ ❋❋
E. lobbii S. 32, 'Yellow Cap'
S. 14

Euphorbia marginata
(Schnee-auf-dem-Berge)
Aufrechte, mittelhohe,
buschige Einjährige mit elliptischen, hellgrünen Blättern.
Zahlreiche Hochblätter umgeben grünliche Blüten. Aussaat im Frühjahr.
☼ ◊ ❋❋❋

Exacum affine
(Blaues Lieschen)
Niedrige, buschige Einjäh-
rige (*S. 42*) mit hellgrünen
Blättern. Im Frühling und
Sommer zahlreiche kleine
Blüten in Blau, Violett oder
Purpur. Aussaat im Spät-
sommer oder Frühjahr.
☼ ◊ mindestens 5 °C

F

Felicia amelloides (Kapaster)
Niedriger, buschiger Strauch,
wird einjährig gezogen.
Ovale Blätter und blaue
Blütenkörbchen mit gelber
Mitte. Aussaat im Frühjahr
unter Glas oder Stecklinge
im Sommer.
☼ ◊ ❋

EMPFEHLENSWERTE GRÄSER

Briza maxima
(Großes Zittergras)
Aufrechte, schlanke, mit-
telhohe Einjährige (*S. 23*,
S. 56) mit mittelgrünen
Blättern und Ähren nickender, rötlich purpurner Blüten. Aussaat im Frühjahr;
sät sich selbst aus.
☼ ◊ ❋❋❋

Hordeum jubatum
(Mähnengerste)
Mittelhohe, Horst bildende
Einjährige (*S. 23*). Federige,
überhängende Blütenstände
in Rosa, später strohfarben.
Aussaat im Frühjahr.
☼ ◊ ❋❋❋

Lagurus ovatus ♥
(Hasenschwanzgras)
Niedrig bis mittelhoch,
Horst bildend, einjährig.
Blassgrüne Blätter und
spitze, flauschige weiße Blü-
tenstände mit gelben Staub-
fäden. Gut zum Trocknen.
Aussaat im Frühjahr.
☼ ◊ ❋❋❋

Pennisetum setaceum
(Federborstengras) ♥
Hohe, Horst bildende Mehrjährige, wird einjährig kultiviert. Raue, mittelgrüne Blätter

LAGURUS OVATUS

und zylinderförmige Blütenstände in Kupferrot, halten
den ganzen Winter. Aussaat
im Frühjahr.
☼ ◊ ❋❋

Setaria italica
(Kolbenhirse)
Hohes, Horst bildendes,
einjähriges Gras. Schmale
Blätter und überhängende
Blütenstände in Weiß,
Creme, Gelb, Rot, Braun
oder Schwarz. Aussaat im
Spätfrühling.
☼ ❋ ◊ ❋

Zea mays ♥ (Mais)
Mittelhohe bis hohe Ein-
jährige; aus weiblichen
Blüten mit Haarbüscheln
entwickeln sich Maiskol-
ben. Aussaat im zeitigen
Frühjahr unter Glas.
☼ ◊ ❋

G

Gaillardia pulchella
(Einjährige Kokardenblume)
Mitthelhohe, aufrechte, buschige Einjährige mit graugrünen Blättern und einfachen bis dicht gefüllten Blüten in Gelb, Rot, Rosa oder Karminrot. Gute Schnittblumen. Aussaat im Frühjahr.
☼ ◊ ✱✱✱

Gazania
(Mittagsgold, Gazanie)
Niederwüchsige Staude, wird oft einjährig gezogen. Lanzettliche, lederige, tiefgrüne bis silbergrau bereifte Blätter und große Blüten, in Gelb, Orange oder Rot mit dunklerer Mitte, manchmal creme, weiß oder rosa. Aussaat im zeitigen Frühjahr.
☼ ◊ ✱
Daybreak Series ♀ S. 41
Empfehlenswert: Talent-Gruppe ♀, Chansonette-Gruppe ♀

Gilia
Mittelhohe Einjährige mit federigem Laub und rundlichen Blütenköpfen von Sommer bis Frühherbst. G. capitata trägt lavendelblaue Blüten. G. tricolor hat violette Blüten mit orangefarbener oder gelber Mitte und purpurnen Flecken. Aussaat im Frühjahr.
☼ ◊ ✱✱✱

Glaucium corniculatum
(Hornmohn)
Mittelhohe Zweijährige oder kurzlebige Staude mit länglichen, gelappten, silbergrauen Blättern orangen Schalenblüten, langen, gebogenen Samenhülsen. G. grandiflorum mit bläulichen Blättern und dunkelorangen bis karminroten Blüten.
☼ ◊ ✱✱✱

Gomphrena globosa
(Kugelamarant)
Niedrige, buschige Einjährige mit behaarten Blättern und rosa, purpur, orangen oder roten kugeligen Blütenständen. Gute Schnittblumen. Aussaat im Frühjahr unter Glas oder im Freien.
☼ ◊ ✱

Gypsophila elegans
(Sommerschleierkraut)
Mittelhohe, verzweigte Einjährige (S. 5) mit graugrünen, lanzettlichen Blättern und zierlichen sternförmigen, weißen Blüten. Gute Schnittblume. Aussaat im Frühjahr.
☼ ☼ ◊ ✱✱✱

H

Helianthus annuus
(Sonnenblume)
Rauhaarige Einjährige mit aufrechtem Stängel, bis 3 m hoch. Herzförmige Blätter und 20–40 cm großer Blütenkorb mit brauner Mitte (S. 56). Manche haben gefüllte, andere kleinere Blüten und einen verzweigten Stamm, Zwergformen 30–50 cm hoch. Blütenfarbe variiert

HELIANTHUS 'GIANT SINGLE'

HELIOTROPIUM ARBORESCENS

von Creme, Orange und Gelb bis Braun und Rost. Gute Schnittblume, zum Trocknen geeignet. Aussaat im Frühjahr.
☼ ◊ ✱✱✱
H. 'Pastiche' S. 22

Helichrysum petiolare ♀
Mittelhoher, kriechender bis hängender, immergrüner Strauch, wird einjährig kultiviert. Kleine silbergraue, rundliche bis herzförmige Blätter, Blüten creme-gelb. Aussaat im Frühjahr oder halbreife Stecklinge im Sommer.
☼ ◊ ✱
'Variegatum' ♀ S. 19

Heliotropium arborescens
(Vanilleblume)
Buschiger, immergrüner Strauch, wird einjährig gezogen. Glänzend tiefgrüne, schmale, faltige Blätter und dichte flache Dolden duftender Blüten in Dunkelblau bis Violett. Sorten in Blau, Purpur, Violett und Rosa. Aussaat im Frühjahr oder Stecklinge im Sommer und Frühherbst.
☼ ◊ ✱

Hibiscus
(Hibiskus, Eibisch)
Einjährige oder kurzlebige Stauden mit gelappten Blättern und trichterförmigen Blüten. *H. acetosella*: hochwüchsig mit gelben oder purpurroten Blüten mit dunkelvioletter Mitte. *H. trionum* (Stundenei-bisch): mittelhoch mit gesäg-ten Blättern und cremefarbe-nen oder gelben Blüten mit purpurbrauner Mitte. Aussaat im Frühjahr unter Glas.
☼ ◊ ❄❄

I

Iberis umbellata
(Schleifenblume)
Einjährige mit lanzettlichen Blättern und flachen Dolden ungleichmäßiger Blüten in Rosa, Purpur oder Weiß. Aus-saat im Frühjahr oder im Frühherbst bei mildem Klima.
☼ ❄ ◊ ❄❄❄

Impatiens (Springkraut)
Sukkulente, niedrige bis mittelhohe Einjährige oder Staude, wird einjährig ge-zogen. Lanzettliche bis ellip-tische, gesägte Blätter. Fleißi-ges Lieschen (*I. walleriana*) mit langen bespornten, flachen Blüten in Apricot, Purpur, Rosa, Rot, Orange und Weiß. Geeignet für Gefäße und Beete; verträgt Schatten. *I. balsamina* (Gar-tenbalsamine): aufrecht mit schmalen Blättern und einfa-chen oder gefüllten Blüten mit helmartiger Oberlippe und kurzen Spornen in Rot, Rosa, Purpur, Mauve oder Weiß. Neu-Guinea-Hybri-den: buschig und aufrecht, Blätter oft bronzefarben, rot oder violett überhaucht

IMPATIENS-NEU-GUINEA-HYBRIDEN

sowie große, flache, besporn-te Blüten in Purpur, Rosa, Weiß, Scharlachrot, Orange oder Apricot. Aussaat im zeitigen Frühjahr unter Glas oder Stecklinge im Sommer und Herbst.
☼–☼ ◊ ❄ unterschiedlich winterhart (5-10 °C)
Gemischte Hybriden *S. 5, S. 34, S. 45,* **Super-Elfin-Grup-pe** ♀ *S. 41,* **Tempo-Gruppe** ♀ *S. 43*

L

Lantana camara
(Wandelröschen)
Kletternder, immergrüner Strauch, z.T. einjährig kulti-viert. Fein runzelige, ovale Blätter und Dolden kleiner Blüten in Orange, Gelb, Violett, Rosa, Rot und Weiß. Blüten beim Öffnen oft blass, dunkeln später nach; die mitt-leren öffnen sich zuletzt. Viele Sorten.
☼ ◊ ❄

Lavatera trimestris
(Bechermalve)
Wüchsige, hohe Einjährige

(S. 33) mit behaarten, herzför-migen Blättern und seidigen Trichterblüten im Sommer und Frühherbst. 'Silver Cup' hat rosa Blüten mit dunkleren Adern; 'Mont Blanc': weiße Blüten. Aussaat im zeitigen Frühjahr.
☼ ◊ ❄❄❄
'Mont Blanc' *S. 31*

Layia platyglossa
Schnellwüchsige, niedrige bis mittelhohe Einjährige mit graugrünen, lanzettli-chen, üppigen kleinen Blüten in Gelb mit Weiß beringt. Ausgezeichnet für Schmet-terlinge und als Schnitt-blume. Aussaat im Frühjahr.
☼ ◊ ❄❄❄

Leucanthemum paludosum
(Zwergmargerite)
Niedrige, buschige Einjährige (S. 35). Ovale bis keilförmige, gelappte oder gezähnte Blätter und gelbe Einzelblüten mit dunklerer Mitte. 'Show Star' hat gelbgrünes Laub. Aussaat im Frühjahr.
☼ ◊ ❄❄❄

LEUCANTHEMUM PALUDOSUM
'SHOW STAR'

Limnanthes douglasii
(Sumpfblume) ☿
Niedrige, sich ausbreitende
Einjährige mit hellgrünen
Blättern (S. 27). Vom Spätfrühling bis Frühsommer
dottergelbe Schalenblüten,
gewöhnlich weiß beringt. Aussaat im Herbst oder Frühjahr.
☼ ◊ ❋❋❋

Limonium sinuatum
(Strandflieder, Statice)
Mittelhohe, aufrechte Staude, wird einjährig gezogen
(S. 20). Grundrosette aus
mattgrünen Blättern. Ver-
ästelte Blütenstände nicht
welkender, papierartiger
Blüten in Rosa, Rot, Mauve,
Gelb und Weiß; Schmetter-
lingspflanze.
☼ ◊ ❋❋

Linaria maroccana
(Leinkraut)
Niedrige, buschige Einjährige
mit blassgrünen Blättern und
schlanken Trauben zweilippiger Blüten in Rosa, Rot, Violett, Mauve, Gelb und Weiß,
mit langem Sporn. Aussaat
im Frühjahr.
☼ ◊ ❋❋❋

Linum grandiflorum
'Rubrum' (Lein)
Niedrige bis mittelhohe
Einjährige mit lanzettlichen
Blättern und Schalenblüten
(S. 32). Aussaat im Frühjahr.
☼ ❋ ◊ ❋❋❋

Lobelia erinus
(Männertreu)
Horst bildende oder hängende
Einjährige. Ovale bis lanzettli-
che, grüne bis bronzefarbene
Blätter und zahlreiche zwei-
lippige Blüten in Blau, Rosa,
Violett, Lila oder Weiß. Gute
Beetpflanzen; hängende For-

men eignen sich für Gefäßkul-
tur. Aussaat im zeitigen Frühjahr unter Glas.
☼ ◊ ❋
'Cambridge Blue' ☿ S. 36,
'Crystal Palace' ☿ S. 32, 'Sapphire' S. 40, 'Snowball' S. 32

Lobularia maritima
(Duftsteinrich)
Niedrige, Horst oder Polster
bildende Einjährige mit
schmalen, graugrünen Blättern und dichten Trauben
winziger, duftender Blüten
in Rosa, Purpur oder Weiß.
Gute Schmetterlingspflanze.
Aussaat im Frühjahr.
☼ ◊ ❋❋❋
L. Easter-Bonnet-Gruppe S. 26

Lunaria annua (Silberblatt)
Zweijährige; bis 75 cm
hoch, im ersten Jahr mit
schlaffer Rosette herzförmi-
ger Blätter; verästelte Trauben purpurner, duftender
Blüten im Frühjahr und
Frühsommer. Flache, silbrige
Samenstände (S. 21, S. 56)
lassen sich gut trocknen.
'Variegata' hat blassere Blüten und panaschierte Blätter.
☼ ◊ ❋❋❋

LOBULARIA MARITIMA
'LITTLE DORRIT'

Lupinus (Lupine)
Einjährige; mittelhoch bis
hoch mit tief eingeschnittenen Blättern und kleinen
Schmetterlingsblumen in
dichten, spitz zulaufenden
Trauben. L. hartwegii
blassblau, L. luteus gelb.
Aussaat im Frühjahr.
☼ ❋ ◊ ❋❋

M

Malcolmia maritima
(Meerviole)
Niedrige, schnellwüchsige
Einjährige, graugrüne Blät-
ter und spärliche Trauben
zierlicher Blüten in Rot,
Rosa oder Weiß. Aussaat im
Frühjahr und Frühsommer
oder Herbst.
☼ ◊ ❋❋❋

Malope trifida
(Trichtermalve)
Hohe Einjährige mit gelapp-
ten Blättern und großen,
seidigen Trichterblüten in
Purpurrot mit dunklerer
Äderung. Aussaat im Früh-
jahr.
☼ ◊ ❋❋❋

MALOPE TRIFIDA
'VULCAN'

MATTHIOLA INCANA
CINDERELLA-GRUPPE

Matthiola incana
(Gartenlevkoje)
Mittelhohe, buschige Zweijährige oder kurzlebige
Staude (S. 26) mit elliptischen
Blättern und duftenden Blüten. 'Giant Excelsior': hoch
wachsend mit rosafarbenen,
roten, blassblauen oder
weißen gefüllten Blüten.
Niedrigere Cinderella-Gruppe hat auch dunkelblaue
Blüten. Aussaat im Frühjahr
unter Glas.
☼ ◊ ❀❀❀

Meconopsis betonicifolia ♀
(Tibet-Scheinmohn)
Hohe Zweijährige oder
Staude mit behaarten Blät-
tern und großen, offenen
Mohnblüten in Violett, Blau
oder Mauve. Braucht kalk-
freien Boden.
◑ ◊ ❀❀❀

Mentzelia lindleyi
Syn. *Bartonia aurea*
Schnellwüchsige, mittelhohe
Einjährige mit farnähnlichen
Blättern, gelben Blüten, spit-
zen Kronblättern. Aussaat
im Frühjahr.
☼ ☂ ◊ ❀❀❀

MENTZELIA LINDLEYI

Mimulus
(Gauklerblume)
Sukkulente, sich ausbreiten-
de Einjährige oder kurzlebige
Staude mit gezähnten, ellip-
tischen Blättern. Blüten sind
oft gesprenkelt oder gefleckt.
M. guttatus hat gelbe Blüten
mit rötlich braunen Flecken.
Aussaat im Frühjahr unter
Glas.
☼ ◊ ❀❀❀
M.-Malibu-Gruppe S. 41

Mirabilis jalapa
(Wunderblume)
Mittelhohe, buschige Staude,
wird manchmal ein- oder
zweijährig kultiviert. Ovale,
mittelgrüne Blätter, lange
Trompetenblüten in
Magenta, Rot, Rosa, Gelb
oder Weiß, oft mehrfarbig
auf derselben Pflanze, öffnen
sich spätnachmittags.
◑ ◊ ❀❀

Moluccella laevis
(Muschelblume)
Mittelhohe, aufrechte Einjährige (S. 14) mit blassgrünen Blättern und kleinen,
weißen Blüten mit kragen-
artigen Hochblättern.

Aussaat im Spätfrühling
unter Glas oder im Freien.
☼ ◊ ❀❀

Myosotis sylvatica
(Vergissmeinnicht)
Niedrige, Horst bildende
Ein- oder Zweijährige mit
elliptischen Blättern und
Trauben blauer Blüten im
Frühjahr und Sommer.
Viele Sorten mit blauen,
violetten, rosafarbenen oder
weißen Blüten und kompak-
ten Formen. 'Music' wächst
aufrecht, hat große, blaue
Blüten. Aussaat im Frühjahr
oder Sommer.
☼ ◊ ❀❀❀

N

Nemesia strumosa
Niedrige, buschige Einjährige
mit lanzettlichen, gesägten
Blättern und zweilippigen
Trichterblüten in vielen Farben.
Kompakte Formen wie Tri-
umph-Gruppe als Beetpflanzen
geeignet.
☼ ◊ ❀
'Fragrant Cloud' S. 19,
N. versicolour 'Blue Bird' S. 14

MYOSOTIS SYLVATICA
'MUSIC'

Nemophila menziesii
(Hainblume)
Niedrige, zarte Einjährige
mit schmalen, gesägten,
graugrünen Blättern und
schalenförmigen, hellblauen
Blüten mit weißer Mitte.
☼ ◊ ❀❀❀
N. maculata S. 19

Nicotiana (Ziertabak)
Mittelhohe Einjährige mit
elliptischen, klebrigen Blättern und lockeren Rispen
langröhriger, flacher Blüten
im Sommer und Herbst.
N. alata hat weiße, außen
bräunlich violette, stark
duftende Blüten, die sich
am Abend öffnen. N. × san-
derae-Hybriden sind beliebte
Garten- und Topfpflanzen
in vielen Farben, vor allem
grün, rot, rosa, purpur und
weiß (oft duftend). Aussaat
im Frühjahr unter Glas.
☼ ◊ ❀
N. 'Lime Green' ♀ S. 40. Empfehlenswert: N. langsdorfii ♀

Nierembergia caerulea
Syn. N. hippomanica ♀
Niedrige Staude mit lanzett-
lichen Blättern und becher-

förmigen, blauen, violetten
oder purpurnen Blüten –
'Mont Blanc' mit weißen
Blüten – bis Frühherbst. Aus-
saat im Frühjahr unter Glas.
☼ ◊ ❀
Empfehlenswert: 'Purple Robe'

Nigella damascena
(Jungfern im Grünen)
Mittelhohe Einjährige mit
flachen, vielblättrigen Blüten,
von nadelfein zerteilten Blät-
tern umgeben, kugelig aufge-
blähte Fruchtstände (S. 2);
zum Trocknen geeignet.
'Persische Juwelen' hat blaue,
rosa oder weiße Blüten; 'Miss
Jekyll' ♀ himmelblaue Blüten.
N. hispanica mit glatten, pur-
purnen Blüten und dunklen
Samenkapseln. Aussaat im
Herbst oder Frühjahr.
☼ ❀ ◊ ❀❀❀
Persische Juwelen S. 31

O

Ocimum basilicum
(Basilikum)
Niedriges bis mittelhohes,
aromatisches Gewürzkraut
mit elliptischen, tiefgrünen

Blättern und Trauben kleiner,
zweilippiger Blüten in Rosa
oder Weiß. Zahlreiche Sorten, auch solche mit roten,
bronzefarbenen oder purpurnen Blätter wie 'Dark Opal'
oder mit krausem Rand.
Aussaat ab Spätfrühling.
☼ ◊ ❀

Oenothera biennis
(Gewöhnliche Nachtkerze)
Hohe Zweijährige mit stei-
fem Stängeln und ellipti-
schen, graugrünen Blättern.
Gelbe Trichterblüten, öffnen
sich am Abend. Aussaat im
Frühjahr; Selbstaussaat.
☼ ◊ ❀❀❀

Onopordum acanthium
(Eselsdistel)
Hohe, stachelige Zweijährige, bildet im ersten Jahr
große Rosette stacheliger
Blätter, wird bis 1,8 m hoch.
Haupttrieb stark beblättert,
mit spitzen Flügeln und oben
verzweigt, trägt die großen,
purpurnen, distelartigen
Blütenstände. Gut zum
Trocknen. Aussaat im Frühjahr oder Sommer.
☼ ◊ ❀❀❀

NIEREMBERGIA CAERULEA
'MONT BLANC'

OCIMUM BASILICUM
'DARK OPAL'

OSTEOSPERMUM
'WHIRLIGIG'

PAPAVER SOMNIFERUM

PELARGONIUM HORIZON-GRUPPE

PETUNIA CARPET-GRUPPE

Osteospermum
(Kapmargerite)
Niedrige bis mittelhohe Staude, wird einjährig gezogen. Ovale bis elliptische Blätter, auffallende Blütenköpfe in Weiß, Gelb, Purpur oder Rosa, Mitte oft in Kontrastfarbe. *O. ecklonis* (weiß mit dunkelblauer Mitte), *O. fruticosum* (weiß mit rötlich violetter Mitte) und *O. jucundum* (malvenrosa bis magentarot mit purpurner Mitte). Manche Sorten mit krausen Blütenblättern. Aussaat im Frühjahr.
☼ ◊ ❀❀ (Grenzbereich)

P

Papaver (Mohn)
Gattung umfasst Einjährige mit gelappten oder geteilten Blättern und vierzähligen Blüten. *P. alpinum* (Alpenmohn) ist eine niedrige Einjährige oder kurzlebige Staude mit graugrünem Laub und Blüten in Rosa, Weiß, Gelb, Orange oder Apricot. *P. rhoeas* (Klatschmohn) hat tiefgrüne Blätter und rote Blüten mit schwarzer Mitte. *P. commutatum* bildet schar-

lachrote Blüten mit schwarzem Fleck in der Mitte.
P. somniferum (Schlafmohn) bis 90 cm hoch, hat fleischige, graugrüne Blätter, Blüten in Rosa, Mauve, Rot, Purpur sowie fast Schwarz, dekorative Samenkapseln. Gefüllte Formen mit gefransten ('Carnation Flowered') oder glatten ('Paeony Flowered') Blütenblättern. Aussaat im Frühjahr.
☼ ◊ ❀❀❀
P. somniferum ♥ S. 21, S. 44,
P. rhoeas **Shirley-Gruppe** ♥
S. 31

Pelargonium
(Pelargonie, Geranie)
Stauden, die einjährig für Garten und Töpfe kultiviert werden. Aromatische Blätter und langstielige Blütendolden in Rot, Rosa, Purpur, Orange und Weiß. *P.-Zonale*-Hybriden mit rundlichen Blättern mit dunklerer Ringzone und einfachen oder gefüllten Blüten. Efeu- oder Hängepelargonien sind hängende oder kletternde Formen mit gelappten Blättern und feineren Blüten. 'Voodoo' ist strauchförmig mit einfachen Blüten.

☼ ◊ unterschiedl. winterhart
Multibloom Pink ♥ S. 36, S. 41. Empfehlenswert: Diamond-Gruppe

Penstemon
(Bartfaden)
Mittelhohe bis hohe Staude, wird einjährig gezogen. Buschig, mit lanzettlichen Blättern und langen, einseitswendigen Trauben röhrenförmiger bis glockiger Blüten in Purpur, Rot, Rosa, Violett oder Weiß. Viele Sorten. Aussaat im Frühjahr oder Herbst unter Glas oder Grünstecklinge im Sommer.
☼ ◊ ❀❀

Petunia (Petunie)
Buschige, kurzlebige Staude, oft mit klebrigen, mattgrünen Blättern. Einfache oder gefüllte Trichterblüten sind gekräuselt oder gefranst, z.T. mit zartem Duft, verschiedene Farbtöne. Niedrigere, buschige Formen wie Carpet-Gruppe als Beetpflanzen; Hängeformen wie die wetterfeste *Surfinia*-Gruppe sind ideale Balkonpflanzen. Aussaat im zeitigen Frühjahr unter Glas.
☼ ◊ ❀

PHLOX DRUMMONDII
'PALONA LIGHT SALMON'

Surfinia-Gruppe ♀ *S. 43*
Phacelia campanularia
(Bienenfreund)
Kompakte, buschige Einjährige mit ovalen, tiefgrünen Blättern und kleinen, tiefblauen Glockenblüten. Bienen- und Schmetterlingspflanze. Aussaat im Frühjahr.
☼ ❊ ◊ ❊❊❊

Phlox drummondii
(Sommerphlox)
Niedrige, buschige Einjährige mit lanzettlichen, blassgrünen Blätter. Blüten in dichten Trugdolden, flach und langröhrig (*Palona*-Gruppe) oder sternförmig, beide in Pastelltönen und leuchtenden Farben, oft gemustert, zweifarbig oder mit Ring. Aussaat im Frühjahr unter Glas.
☼ ◊ ❊
'Sternenzauber' *S. 10*

Portulacca grandiflora
(Portulakröschen)
Niedrige, kriechende Einjährige mit roten Stängeln und nadelförmigen Blättern. Große, seidige, becherförmige Blüten einfach oder doppelt, in leuchtenden Schattierungen von Gelb, Orange, Rot, Rosa oder Weiß. Aussaat im Frühjahr unter Glas.
☼ ◊ ❊

Psylliostachys suworowii
(Widerstoß, Meerlavendel)
Mittelhohe, langsamwüchsige Einjährige mit gelappten, lanzettlichen Blättern und aufrechten, schlanken Ähren winziger, rosa Blüten. Aussaat im Frühjahr unter Glas, im Spätfrühling im Freien.
☼ ◊ ❊

R

Reseda odorata
(Gartenresede)
Mittelhohe, blassgrüne, aufrechte bis ausladende Einjährige mit ovalen Blättern und dichten Trauben kleiner, grünlich weißer Blüten. Aussaat im Frühjahr.
☼ ❊ ◊ ❊❊❊

Ricinus communis
(Rizinus, Wunderbaum)
Imposanter immergrüner

RESEDA ODORATA

RUDBECKIA HIRTA
'RUSTIC DWARFS'

Strauch, wird oft einjährig kultiviert (*S. 36*). Blätter sind sehr groß, handförmig und tief bronzefarben oder purpur. Kurze Ähren kleiner, roter Blüten, stachelige Samenstände.
☼ ◊ ❊

Rudbeckia hirta
(Sonnenhut, Rudbeckie)
Mittelhohe, kurzlebige Staude (*S. 30*), oft einjährig kultiviert. Raue, lanzettliche, Blätter und margeritenähnliche Blüten in Gelbtönen mit dunklem Knopf in der Mitte. Gute Schnittblume. Aussaat im Frühjahr.
☼ ◊ ❊❊❊
'Radiant Gold' *S. 60*

S

Salpiglossis sinuata
(Trompetenzunge)
Mittelhohe, aufrechte, buschige Einjährige mit lanzettlichen, klebrigen, blassgrünen Blättern. Trompetenblüten in leuchtenden Farben, besonders Gelb, Orange, Rot und Blau, oft auffallend geädert. Aussaat im Frühjahr unter Glas.

SALVIA SPLENDENS
'SCARLET KING'

☼ ◊ ❋

Salvia (Salbei)
Ein- oder mehrjährige Pflanze, wird einjährig gezogen.
Quirl zweilippiger Blüten.
S. farinacea (Ziersalbei):
hoch, mit lanzettlichen Blättern und weißen, blauen
oder violetten Blütenquirlen.
S. patens ♀: mittelhoch mit
Blütenquirlen in tiefem Blau.
S. coccinea (Scharlachroter
Salbei): hoch, mit gesägten
Blättern und roten Blüten.
S. splendens (Feuersalbei):
niedrig bis mittelhoch, mit
ovalen, gesägten Blättern,
dichten scharlachroten Blüten
und Hochblättern. Sorten in
Violett, Purpur, Rosa, Weiß,
Lachs oder Rot (wie 'Scarlet
King'). *S. viridis* (Buntschopf-
salbei) mittelhoch und winter-
hart, Hochblätter in Rosa,
Weiß oder Blauviolett. Aussaat
im Frühjahr unter Glas, bei
S. viridis direkt ins Freie.
☼ ◊ ❋
S. splendens Kleopatra-Gruppe
S. 36, *S. viridis* S. 27

Sanvitalia procumbens
(Husarenknopf)
Eine Polster bildende, nieder-
liegende Einjährige mit ovalen Blättern und kleinen,
gelben Blüten mit schwarzer
Mitte. Aussaat im Frühjahr.
☼ ◊ ❋❋❋

Scabiosa (Skabiose)
Buschige Einjährige mit flachen Blütenköpfen, deren
äußere Einzelblüten am
größten sind. Zweijährige
und kurzlebige Stauden werden gewöhnlich einjährig
gezogen. *S. atropurpurea*
(Witwenblume): hoch, mit
lanzettlichen Blättern und
purpur, blauen, weißen
oder karminroten Blüten.
S. stellata (Sternskabiose):
mittelhoch, hat weiße oder
rosa, kugelförmige Blütenstände und sternförmige
Samenstände in Beige. Aussaat im Frühjahr.
☼ ◊ ❋❋❋

Scaevola aemula
(Blaue Fächerblume)
Niedrige bis mittelhohe, krie-
chende bis hängende Staude,
wird einjährig gezogen. Lan-
zettliche bis ovale Blätter und
Dolden blauer, violetter oder
weißer Blüten, die Lobelien
ähneln. Gute Balkonpflanze.
Aussaat im Frühjahr unter
Glas.
☼ ◊ ❋❋❋
'New Wonder' S. 40

Schizanthus pinnatus
(Spaltblume)
Buschige Einjährige mit
feinen, farnartigen Blättern
und orchideenähnlichen
Blüten in verschiedenen
Farbtönen mit kontrastrei-
chen Zeichnungen. Gute
Topfpflanze. Aussaat im
Frühjahr oder im Spätsom-
mer unter Glas.
☼ ◊ mindestens 5 °C

SENECIO CINERARIA
'SILVER DUST'

Senecio cineraria
(Silber-Greiskraut)
Ein mittelhoher, Horst bilden-
der, immergrüner Strauch,
wird einjährig gezogen. Ver-
schieden gelappte, silbergraue
Blätter (S. 34). Senfgelbe Blütenstände auf langen Stängeln.
☼ ◊ ❋❋

Silene armeria (Morgenrös-
chen, Nelkenleimkraut)
Niedrige bis mittelhohe, aufrechte Ein- oder Zweijährige
mit paarigen, ovalen, graugrünen Blättern und Trugdolden
rosafarbener, sternförmiger
Blüten mit leichten Einkerbun-
gen im Sommer und Frühh-
erbst. Gute Schmetterlingspflanze.
☼ ◊ ❋❋❋

Silybum marianum
(Mariendistel)
Hohe, derbe Zweijährige, im
ersten Jahr mit flacher Blattrosette. Blätter breit, tief ge-
lappt, glänzend und stachelig,
tiefgrün mit weißen oder silbrigen Sprenkeln. Distelähnliche Blüten in Purpur. Aussaat im Frühjahr.
☼ ◊ ❋❋❋

Smyrnium perfoliatum
(Gelbdolde)
Mittelhohe bis hohe Zweijährige. Obere Blätter und Hochblätter oval und leuchtend gelbgrün. Winzige, grünlich gelbe Blüten. Aussaat im Frühjahr; Selbstaussaat.
☼ ◊ ❋❋❋

Solanum pseudocapsicum
(Korallenstrauch)
Immergrüne, buschige Staude, wird einjährig kultiviert. Lanzettliche Blätter. Kleinen weißen Sternblüten folgen runde, scharlachrote Früchte. Aussaat im Frühjahr unter Glas.
☼ ◊ ❋❋❋

Solenostemon scutellarioides
(Buntnessel)
Buschige, immergrüne Staude, wird einjährig gezogen. Blätter oft panaschiert und leuchtend rosa, gelb, grün, rot oder purpur gezeichnet, auch mehrfarbig. Die Blütenstände entfernen, um Bildung neuer Triebe zu fördern. Aussaat im Frühjahr und Sommer unter Glas.
☼ ◊ mindestens 10° C
Wizard Series S. 16

Sutera grandiflora
(Schneeflockenblume)
Niedrige bis mittelhohe, kriechende bis hängende Staude mit gezähnten, ovalen Blättern und rosa oder purpur, gefransten, langröhrigen, oben flachen Blüten. Gute Topfpflanze. Aussaat im zeitigen Frühjahr unter Glas oder Stecklinge im Sommer.
☼ ◊ mindestens 5 °C
'Knysna Hills' S. 42,
'Sea Mist' S. 40

T

Tagetes (Studentenblume, Samtblume)
Aromatische, feste, buschige Einjährige mit fein zerteilten Blättern und Einzelblüten. T.-Patula-Hybriden haben einfache bis dicht gefüllte Blüten in Gelb, Orange, Rotbraun oder Rot, auch zweifarbig oder mit Ringzonen. Im Garten und auf Balkon beliebt. Zahlreiche Sorten von hoch bis zwergwüchsig. T.-Erecta-Hybriden: mittelhoch bis hoch, mit großen, einfachen bis dicht gefüllten Blüten in Goldgelb, Creme

oder Orange. Kleinblütige Signet-Tagetes stammen von T. tenuifolia ab. Aussaat im zeitigen Frühjahr unter Glas.
☼ ◊ ❋
'Golden Gem' S. 36

Tanacetum parthenium
(Mutterkraut)
Mittelhohe, buschige Zweijährige oder kurzlebige Staude (S. 18). Tief gelappte, längliche, dunkelgrüne Blätter. Breite Blütenstände weißer Blüten mit golgelber Mitte. Aussaat im Frühjahr; Selbstaussaat.
☼ ◊ ❋❋❋

Thymophylla tenuiloba
(Gelbes Gänseblümchen)
Mittelhohe Ein- oder Zweijährige mit gefiederten Blättern. Kleine, orangegelbe Sternblüten im Spätfrühling und Sommer. Aussaat im Frühjahr.
☼ ◊ ❋❋❋

Tithonia rotundifolia
Syn. T. speciosa (Mexikanische Sonnenblume)
Hohe, aufrechte Einjährige mit dreieckigen bis ovalen Blättern. 8 cm große, orange

SMYRNIUM PERFOLIATUM

TAGETES 'TANGERINE GEM'

THYMOPHYLLA TENUILOBA

oder scharlachrote Blütenstände. Aussaat im Frühjahr
unter Glas.
☼ ◊ ❀

Torenia fournieri
Niedrige, buschige Einjährige (S. 42) mit gesägten,
elliptischen Blättern und
zweilippigen Röhrenblüten
von blassem Purpurblau mit
purpurschwarzem Grund.
Gute Topfpflanze. Aussaat
im Frühjahr unter Glas.
☼ ◊ mindestens 5 °C
'Blue Moon' S. 16

Trachelium caeruleum
Syn. *Diosphaera caeruleum*
(Blue throatwort) ♥
Hohe Staude, wird einjährig
gezogen. Ovale, gesägte Blätter und dichte Dolden flieder-
farbener Blüten. Gute Schmetterlingspflanze. Aussaat im
Frühjahr unter Glas.
☼ ◊ ❀

Tropaeolum majus
(Große Kapuzinerkresse)
Zwergformen (S. 65) sind
mittelhohe, buschige Pflanzen. Blüten essbar. Aussaat
im Frühjahr.
☼ ◊ unterschiedl. winterhart
Alaska-Gruppe ♥ S. 7,
'Hermine Grashoff' ♥ S. 40

V

Verbascum olympicum
(Riesenkönigskerze)
Hohe Zweijährige, im ersten
Jahr mit behaarten Blattro-
setten; im zweiten Jahr zahl-
reiche kurzgestielte gelbe
Blüten an kerzenförmigen
Blütenständen auf behaarten
Stängeln. Aussaat im Früh-
jahr; Selbstaussaat.
☼ ◊ ❀❀❀

VERBENA 'IMAGINATION'

Verbena
(Verbene, Eisenkraut)
V. bonariensis ist frosthart,
mittelhohe Zweijährige mit,
länglichen Blättern und kleinen purpurroten Blüten in
Trugdolden. *V.*-Hybriden für
Gefäßkulturen sind bedingt
winterharte, kriechende, hängende oder buschige Stauden,
die einjährig gezogen werden,
mit schmalen, gezähnten Blättern und dichten, flachen Dolden kleiner Blüten in Rosa,
Blau, Mauve, Weiß und Rot,
oft mit gelbem oder weißem
Auge. Aussaat im Frühjahr
unter Abdeckung.
☼ ◊ unterschiedl. winterhart
'Imagination' S. 41,
'Tapien Pink' S. 43

Viola × wittrockian
(Gartenstiefmütterchen)
Niedrige Einjährige oder
kurzlebige Staude mit gezähnten, ovalen Blättern. Blüten in
verschiedenen Größen, Farbtönen, zweifarbig oder mit
Mustern. Aussaat im Spätwinter im Freien.
☼ ◊ ❀❀❀
'Romeo and Juliet' S. 15,
'Sorbet Yellow Frost' S. 39

X

Xeranthemum annuum
(Papierblume)
Horst bildende, mittelhohe
Einjährige mit purpurnen
Blütenköpfen und silbernen,
papierartigen Hüllblättern.
Aussaat im Frühjahr.
☼ ◊ ❀❀

Z

Zinnia (Zinnie)
Z. elegans ist eine aufrechte
bis buschige Einjährige. Rauhaarige, ovale bis lanzettliche
Blätter und auffallenden
Blüten in Rosa, Rot, Purpur,
Gelb und Creme. Sorten in
allen Größen, mit einfachen,
gefüllten oder pomponartigen
Blüten; 'Envy' schattenver-
träglich. Gute Schnittblume.
Z. haageana: mittelhoch mit
schmalen, lanzettlichen Blättern. Aussaat im Frühjahr
unter Glas oder im Spätfrühling im Freien.
☼ ◊ ❀
Zinnia elegans 'Dreamland
Scarlet' S. 14, *Zinnia haageana* 'Perserteppich' S. 8

ZINNIA ELEGANS 'ENVY'

REGISTER

Kursive Seitenzahlen weisen
auf eine Abbildung hin.

DANK

Bildrecherche Anna Grapes
Bildredaktion Neale Chamberlain

Pflanzpläne Gill Tomblin
Weitere Illustrationen Karen Cochrane

Register Hilary Bird

Dorling Kindersley Verlag bedankt sich bei:
allen Mitarbeitern der RHS, besonders Susanne
Mitchell, Karen Wilson und Barbara Haynes (Büro
Vincent Square). Dank auch an Candida Frith-Mac-
donald für Lektoratsassistenz.

Die Royal Horticultural Society
Um mehr über die Arbeit der Gesellschaft zu erfahren,
können Sie die RHS im Internet unter **www.rhs.org.uk.**
besuchen. Die Informationen umfassen nationale
Veranstaltungen, eine botanische Datenbank,ein
internationales Pflanzenregister und vieles mehr.

Bildnachweis
Der Verlag möchte auch folgenden Fotografen für
die Überlassung von Bildmaterial danken:
(Abkürzungen: o=oben, M=Mitte, u=unten, l=links,
r=rechts)

John Glover: Titelfoto r, Rückseite ol und u, 6, 8ol,
9o, 10ur, 11o, 11u, 12u, 13o, 16u, 17or, 18, 19u,
21o, 23ol, 25u, 25ol, 35, 38, 39; **Christopher Grey-
Wilson:** 5ur, 15ol, 25or, 26ul, 27o; **Photos Horticultural:** : Rückseite or, 4ul, 9u, 15ul, 23or, 28, 29, 34;
Daan Smit: 2, 10ul, 14ur, 14uM, 15r, 19o, 27u;
Jonathan Buckles: 73uM; **Garden Picture Library:**
Friedrich Strauß 20 ul, 21ol; Lamontagne 70ol
240r, 24ul; **Jacqui Hurst:** 3ul, 3ur, 8ur, 9ol, 11ol,
12ul, 14ul, 16ul, 19o, 71ur, Innenklappe hinten M
Andrew Lawson: 13ol; **Henry Smith Collection:**
7ul, 15ol, 59ur, 61ur, 64ul, 65ur, 69ul; DG 5541
66oM